VOL. 64

Dados Internacionais de Catalogação na Publicação (CIP)
(Câmara Brasileira do Livro, SP, Brasil)

Simões, Roberto Porto
  Relações públicas e micropolítica / Roberto Porto Simões. -
São Paulo: Summus, 2001. - (Coleção novas buscas em comu-
nicação; v. 64)

  Bibliografia.
  ISBN 85-323-0757-4

  1. Relações públicas I. Título. II. Série.

01-3637   CDD-659.2

Índice para catálogo sistemático:
1. Relações públicas e micropolítica: Administração de empresas 659.2

Compre em lugar de fotocopiar.
Cada real que você dá por um livro recompensa seus autores
e os convida a produzir mais sobre o tema;
incentiva seus editores a encomendar, traduzir e publicar
outras obras sobre o assunto;
e paga aos livreiros por estocar e levar até você livros
para a sua informação e o seu entretenimento.
Cada real que você dá pela fotocópia não autorizada de um livro
financia o crime
e ajuda a matar a produção intelectual de seu país.

Relações Públicas e Micropolítica

Roberto Porto Simões

summus
editorial

RELAÇÕES PÚBLICAS E MICROPOLÍTICA
Copyright © 2001 by Roberto Porto Simões
Direitos desta edição reservados por Summus Editorial

Capa: **Roberto Strauss**
Editoração: **Acqua Estúdio Gráfico**

Summus Editorial

Departamento editorial:
Rua Itapicuru, 613 – 7º andar
05006-000 – São Paulo – SP
Fone: (11) 3872-3322
Fax: (11) 3872-7476
http://www.summus.com.br
e-mail: summus@summus.com.br

Atendimento ao consumidor:
Summus Editorial
Fone: (11) 3865-9890

Vendas por atacado:
Fone: (11) 3873-8638
Fax: (11) 3873-7085
e-mail: vendas@summus.com.br

Impresso no Brasil

Agradecimentos

Na elaboração desta obra, mas, também, no trajeto da estruturação da Teoria da Função Organizacional Política, da qual este livro é um documento parcial, há muitos a quem quero agradecer, mesmo com o provável pecado de esquecer nomes e suas contribuições valiosas.

Assim, para minimizar meus possíveis equívocos, inicio dizendo muito obrigado a todos os membros da comunidade de Relações Públicas que, inoculados pela curiosidade científica, deram-me a honra de ser seu objeto de leitura, motivando-me a prosseguir no aprofundamento deste trabalho. Aos inúmeros colegas e alunos que, de uma maneira ou outra, fizeram com que eu ficasse sabendo dos seus pontos de vista e tivesse mais segurança em minhas proposições ou modificasse textos mal elaborados.

Quanto a esta obra, em particular, devo dizer um especial muito obrigado a dois de meus colegas da PUCRS: ao prof. dr. Francisco Rüdiger que, além de passar por um crivo epistemológico o paradigma da teoria, aceitou de bom grado fazer a Apresentação desta obra, e ao prof. dr. Roberto Ramos, que teve a simpatia de sugerir aspectos metodológicos quanto à visão do tema.

Quanto ao processo de elaboração da teoria e algumas mudanças de foco, agradeço às professoras ME Ana Steffen, Ilana Trombka e Cíntia Carvalho que, por terem assimilado, ainda como alunas, a essência da rede teórica, muito questionaram os conceitos, as definições e os princípios que a compõem. Nesse enfoque, ainda, agradeço às profas. dras. Cláudia Moura e Cleusa Scroferneker, por testarem e divulgarem a teoria.

Há que se dizer obrigado ao professor Ruy Aguiar e seus alunos da Universidade Estadual da Bahia, por se envolverem nos debates sobre teoria.

No exterior, onde tenho tido colaborações, agradeço à profa. ME Bárbara Delano, da Universidade Católica do Chile, pela tradução para o espanhol da obra inicial desta teoria (Simões, 1995), por ter apresentado críticas contundentes ao conteúdo desta e por sustentar trabalhos seus com base na Teoria da Função Política. Ao prof. dr. Melvin Sharpe, da Ball State University, por ter realizado a Apresentação da terceira edição da primeira obra e por continuar a fazer sugestões e a divulgar esta teoria internacionalmente. Incluo ainda os professores Marcelo Lagger, Julio Parodi e Miguel Cavatorta, da Universidade Siclo 21 de Córdoba, Argentina, por me convidarem várias vezes a apresentar este estudo aos seus pares e alunos.

Aos que enfrentam a tarefa de tornar a atividade de Relações Públicas cada vez mais inteligível, os meus agradecimentos na expectativa de contar com a simpatia de todos para prosseguir falseando esta teoria.

Sumário

Apresentação 9

Introdução 13

1. O significado da teoria 17

2. A metáfora do quebra-cabeça 23

3. A disciplina Relações Públicas: seu processo e seu programa .. 29

4. A rede teórica da disciplina Relações Públicas 47

5. As disciplinas Relações Públicas e Micropolítica:
   aproximações e distanciamentos 63

6. Uma base filosófica: a estética da atividade de Relações
   Públicas 83

Considerações finais 95

Referências bibliográficas 99

Apresentação

As Relações Públicas constituem, qualquer que seja o juízo que se faça a seu respeito, um dos campos mais promissores para todos os que desejam exercer as atividades de comunicação nesta virada de milênio. O espírito do tempo joga a seu favor, estejamos ou não de acordo com o que nele se joga, achemos isso bom ou mal do ponto de vista político e ideológico. Paradoxalmente, porém, também é fato que, pelo menos entre nós, são poucas as profissões que, a exemplo dela, têm enfrentado tantas dificuldades para deixar claro ao público qual é a sua real natureza ou identidade profissional.

Ainda hoje é comum encontrar pessoas sorridentes, arrumadas e bem-falantes, cuja competência se resume em receber visitas e coordenar festividades e que se apresentam ou são tratadas como relações públicas de uma entidade ou organização. Isso quando as tarefas do/da responsável por tanto não se confundem com as desempenhadas pela figura muito badalada e ainda mais suspeita, sobretudo na vida noturna, do/da *promoter*, como se diz atualmente.

O presente trabalho desenvolve, felizmente, uma linha de tratamento da matéria bastante distinta, cujo valor pode ser medido pelo leitor interessado sabendo de antemão que, nestas páginas pensadas com cuidado, não se falará de cerimonial e protocolo ou de como se gerencia um evento para a mídia ou o grande público.

Roberto Porto Simões prossegue aqui uma caminhada iniciada há alguns anos e por meio da qual vem tentando articular o que se poderia chamar, de modo um pouco arcaico, de sistema de relações públicas.

Enfrentando com seriedade intelectual um tema cujo estatuto ainda é incerto dentro e fora da universidade, eis de fato um livro que, certo ou errado – caberá ao leitor fazer o julgamento –, propõe que se pense essa atividade como uma profissão possuidora de uma fundamentação prática e teórica inscrita nas estruturas da moderna vida organizacional e, portanto, portadora de um significado estratégico no seu desenvolvimento dentro do contexto da vida em sociedade.

Deixando de recapitular a trajetória que conduziu seu autor a esse estágio, cujo ponto de partida pode ser buscado em sua experiência de consultor organizacional e estudioso da área de psicologia organizacional, deve-se ao menos relacionar a aposta feita no presente traballho com o que o precedeu, *Relações Públicas: função política* (Simões, 1995).

Abordando a matéria em chave de teoria de sistemas (funcionalismo), Simões desenvolvera naquela obra a tese, por certo polêmica, de que as Relações Públicas constituem uma atividade científica, que tem como objeto os conflitos entre públicos e organizações. Para ele, as Relações Públicas, em vez de serem, sobretudo, instrumentos de intervenção organizacional, representariam antes uma forma de seu conhecimento, de modo que, nelas, primaria o interesse epistêmico sobre o prático ou, talvez melhor dizendo, sobre o tecnológico.

Os problemas teóricos decorrentes dessa visão, na qual a distinção entre os planos da produção e da aplicação do conhecimento – parece-me – não estava bem esclarecida, encontram-se na raiz do passo dado no presente trabalho, em que se continua a tarefa de reflexão sobre a matéria em foco, fazendo uma suave mas decidida opção em ressaltar o caráter prático ou ligado à ação (política) das Relações Públicas.

Valendo-se criativamente do referencial teórico da Micropolítica de extração anglo-saxônica, o pesquisador pouco a pouco determina um giro em sua reflexão, estabelecendo um primado da prática sobre a teoria – na abordagem da práxis da referida profissão – que em muito e, a nosso ver, positivamente flexibiliza o modelo sistêmico. O leitor do texto anterior notará de certo que não se trata de uma ruptura radical com as idéias ali estabelecidas mas, sim, de uma mudança de inflexão, em que alguns temas adquirem novo tratamento enquanto outros se revelam alvo de um aprofundamento nos moldes do velho referencial.

Trata-se de uma deficiência da obra? Cremos que não: Simões é muito conseqüente em sua abordagem mas, também, esclarecido o bastante para alterá-la nos pontos em que é preciso e, se temos críticas a fazer a seu trabalho, é em relação ao enfoque teórico como um todo (o que escapa à sua aplicação específica ao domínio das Relações Públicas).

Noutros termos, estamos diante de um texto capaz de revisar seus antecedentes e que, lidando de maneira apropriada com uma área do saber (no sentido foucauldiano) que ainda não definiu plenamente seus protocolos de validade e efetivação, logra, reconhecendo a dureza dos obstáculos, manter a abertura intelectual necessária para investigar novas possibilidades para o seu desenvolvimento.

Entre os méritos do seu autor está, sem dúvida, o de pensar as Relações Públicas como uma prática social que, por maior que seja sua apelação na atualidade, ainda está em busca de legitimidade teórica e de seu adequado estatuto organizacional.

Lendo esta obra, seu verdadeiro destinatário – o estudioso das Relações Públicas – poderá perceber, pois, o quanto é árduo fundar teoricamente uma disciplina e quanta diferença há entre praticar de forma festiva uma atividade e exercer uma profissão com fundamentos científicos.

Não fosse isso o bastante, a obra que o leitor tem em mãos é, ainda, rica em sugestões construtivas e, por certo, deverá ocupar um lugar obrigatório nas discussões mais sérias que vierem a se fazer, sobre prática e teoria, na sua área de especialidade nos anos vindouros.

As Relações Públicas têm em mãos algo que, no contexto acadêmico, sem dúvida, merece uma comemoração!

Prof. dr. Francisco Rüdiger

Introdução

Esta obra traz um olhar renovador posterior e mais específico sobre a teoria que define conceitualmente a atividade de *Relações Públicas* como *Gestão da Função Organizacional Política*. Contém um aprofundamento das bases da teoria, cruzando por vezes a fronteira entre a ciência e a epistemologia.

Refere-se a mais um esforço para mostrar que a atividade de Relações Públicas não significa exclusivamente o exercício de técnicas, mas, na sua essência, uma tecnologia bem fundamentada em teoria política. Acompanha-me neste desafio Spicer (1997). Neste sentido, apesar de dimensões diferentes, o profissional de Relações Públicas desempenha papel semelhante ao do psicólogo nas relações humanas, do estadista nas relações politicopartidárias e do embaixador nas relações internacionais. O cumprimento de sua responsabilidade social interfere na relação político-econômica do sistema organização-públicos.

A visão do exercício desta atividade exige, antes de tudo, um estrategista nas relações de poder em nível de Micropolítica e, secundariamente, um tarefeiro na execução de instrumentos de comunicação. Esse quadro de referência sempre esteve ao *fundo* do cenário, porém foi prejudicado pela *figura* do reducionismo da comunicação e, pior ainda, do *marketing*. É certo que esses desvios ocorreram por aspectos históricos, mas, também, por falta de estudiosos do tema e, também, por oportunistas circunstanciais que ocuparam espaços, apropriando-se do termo e dando-lhe uma operacionalidade diferente.

Esta obra deseja provar que a atividade de Relações Públicas é tão nobre quanto qualquer outra que seja reconhecida como útil à sociedade, na área da Comunicação Social, mas quer ressaltar que, não sendo nem melhor nem pior, é diferente de todas. A essência de sua contribuição está em produzir resultados que possibilitem às organizações cumprirem suas missões e assim potencializando o desenvolvimento político-econômico de uma comunidade. Onde existir uma organização, *legalmente* aceita pela sociedade, grande ou micro, lucrativa ou não lucrativa, pública ou privada, religiosa ou laica, familiar ou não familiar, do primeiro, segundo ou terceiro setor, do ocidente ou do oriente, do primeiro ou do terceiro mundo, lá haverá espaço para o exercício profissional desta atividade, contribuindo para torná-la *legítima*. Esses espaços não são alternativos. Eles são posições no organograma das organizações, gerenciando sua função político-comunicacional.

Seu habitat encontra-se no cadinho da efervescência do jogo de interesses dos públicos com as organizações e da iminência dos conflitos das democracias. Nas ditaduras, de direita ou de esquerda, ela se desfuncionaliza na propaganda e no culto aos ditadores, nos eventos sociais, nas promoções mercadológicas ou simplesmente desaparece. Nessas circunstâncias perde sua essência e identidade. Outra atividade assume seu lugar, mantendo o seu designativo, pelo fato de este conotar para a sociedade algo positivo. Por isso as Relações Públicas ficam "pagando os pecados" pelas manipulações realizadas pelas "pseudo-relações públicas".

A atividade de Relações Públicas surgiu de uma prática jornalística, foi assimilando a contribuição de diferentes óticas profissionais – advogados, psicólogos, administradores, publicitários, marqueteiros – e chegou, aos dias de hoje, com uma tecnologia de uso fundamentada, obviamente, nas ciências sociais, em especial na Micropolítica, tratando da relação político-comunicacioonal entre a organização e todos os agentes sociais que influenciam sua missão.

O primeiro capítulo ressalta a necessidade da existência do quadro de referência teórico para o ensino e o exercício da atividade de Relações Públicas. O segundo, reforçando a idéia anterior e preparando a abordagem à teoria que será apresentada, compara, metaforicamente, a elaboração de uma teoria aos esforços para solucionar um quebra-cabeça. O terceiro capítulo descreve o processo e o programa da disciplina Relações Públicas, entendendo por processo a estrutura e a dinâmica do sistema de relacionamento das organizações com seus públicos. Enquanto, por programa, propõe quatro funções básicas da atividade profissional para interferir no processo a fim de compreendê-lo, prevê-lo e controlá-lo.

A seguir, o quarto capítulo descreve, de forma abreviada e revisada, a rede teórica, contida na obra de Simões (1995), *Relações Públicas: função política*. A revisão refere-se, principalmente, à troca do objetivo da atividade. Antes propunha a legitimação das ações organizacionais, agora tem em vista a busca da cooperação no sistema organização-públicos, ficando os aspectos referentes à legitimação situados na esfera da ética. O quinto capítulo, na arqueologia das bases científicas nas ciências sociais, apresenta um paralelismo entre as disciplinas Relações Públicas e Micropolítica e, considerando o alto nível de correlação direta dos princípios das duas, conclui, senão pela equivalência delas, pelo menos pela similaridade de ambas. O sexto capítulo expressa uma visão estética da atividade segundo a ótica de Pareyson.

Nas considerações finais, o autor sintetiza esse discurso, deixando-o em aberto e propondo que seja falseado segundo o paradigma poperiano.

· 1 ·

O significado da teoria

Sem teoria, não há perguntas a fazer.
Sem teoria, a experiência não tem significado.
Sem teoria não há aprendizagem.
Sem teoria, não há maneira de utilizar a
informação que nos chega.

Deming (1994, pp. 103-6)

Os cientistas da natureza e os cientistas sociais analisam fenômenos que ocorrem na natureza e na sociedade a fim de, pelo menos, compreendê-los, mas, se possível, prevê-los e, com isto, dar ao ser humano a possibilidade de controlá-los, permitindo à humanidade melhor qualidade de vida. A compreensão e posterior explicação dos fenômenos somente são possíveis se houver teorias. Para a maior parte dos paradigmas científicos, as teorias, um produto da ciência, são posteriores à ocorrência dos fatos. O conjunto sistêmico de conceitos, definições e princípios, designado por rede teórica, elaborado por comunidades específicas de cientistas, caracteriza uma área de conhecimento científico, denominada pelo termo disciplina.

Toda disciplina, ou área do conhecimento humano, implica dois elementos, *o processo* e *o programa*. O processo se refere à estrutura – os componentes e a dinâmica do fenômeno. Nele se localizam as variáveis independentes. Aquelas que ocorrem, espontaneamente, em razão própria do fenômeno em si. O programa, por sua vez, se refere à ação humana interveniente no processo a fim de controlá-lo. O processo é compreendido e explicado com ajuda de teorias, que contêm conceitos, definições e princípios. O programa, para ser implementado, requer, além de teorias, tecnologia, técnicas e *know-how*.

Neste momento, é oportuno reportar-se à anterior citação de Deming e compreender por que tanto o cientista como o profissional – se é que o profissional deva ser diferente do cientista – devem possuir um referencial teórico estabelecido, consensualmente. Sem teoria, dificilmente levarão a bom termo a consecução de suas missões e cumprirão com suas responsabilidades sociais para com a humanidade. Sem teoria, a probabilidade de existência de informação é nula. Sem teoria, permanece-se nos dados sem significado.

No que se refere à esfera das Relações Públicas, tem-se que o processo contém o fenômeno da interação no sistema organização-públicos. Por sua vez, o programa corresponde à tecnologia de diagnosticar e prognosticar esse processo, assessorar as lideranças organizacionais sobre o devir do processo e implementar projetos de comunicação, intervindo no processo. O objetivo do programa é obter a cooperação dos atores, possibilitando, assim, a consecução da missão organizacional, sustentada na satisfação dos interesses das partes.

Relações Públicas é ciência? A polêmica deixa de existir se, em primeiro lugar, esclarecer-se de que Relações Públicas se está falando. Discutir esse ponto utilizando-se do termo Relações Públicas, sem um explicativo, é caminhar para o impasse. Se houver consenso de que se trata da atividade profissional de Relações Públicas, o conhecimento científico será aceito como necessário, tanto para o profissional explicar o processo como para administrar o programa. Esse conhecimento científico talvez deva ser buscado nas Ciências Sociais, mas, sem dúvida alguma, ele é imprescindível. Caso contrário, ocorrerá, apenas, o artesanato.

Essa perspectiva leva à dedução de que as bases científicas da atividade profissional de Relações Públicas estariam insertas numa ciência social particular, contrariando o pressuposto de seu enquadramento, essencialmente, em Comunicação Social. Não seria uma atitude científica questionar qual a melhor opção teórica? Será que o conceito *harmonizar* pertence, exclusivamente, à Teoria da Comunicação? Estaria, este conceito, mais bem enquadrado na Teoria Política? Seguem-se reflexões sobre estas alternativas.

- OS FATOS

Há muito tempo e com freqüência, escuta-se na comunidade de Relações Públicas, pelo menos no Brasil, que a atividade profissional de Relações Públicas e, por conseqüência, seu profissional não são valorizados pelos empresários e governantes. Esta premissa é citada, de forma indiscriminada, não somente por aqueles que, tendo concluído seus cursos universitários, se encontram marginais ao mercado de trabalho, mas, também, por aqueles que recebem baixos salários. Existem, ainda, os que encontram dificuldades de promoção e os que tiveram a amarga experiência de ser despedidos, uma ou mais vezes, sob a justificativa de redução de custos. Incluam-se, também, os inúmeros profissionais bem situados na atividade que enfrentaram longo processo de carreira até atingir o êxito. Se este fenômeno é real, por que estaria ocorrendo?

A análise dos fatos permite afirmar que, provavelmente, isso tudo acontece em razão de inúmeras variáveis, entre elas, as que se seguem:

1. os problemas de mercado de trabalho, comuns a todas as profissões tradicionais, com a oferta de mão-de-obra maior do que a demanda;
2. o imediatismo operacional da maioria das organizações, deixando-as sem a perspectiva estratégica, elemento essencial para a gestão do seu relacionamento político;
3. o entorno não exigente no qual estão insertas as empresas brasileiras. A maioria do povo não é politizada. As pessoas desempenham, somente, o papel de sujeitos, jamais o de cidadãs. Portanto, não fazem valer seus interesses, seus direitos e seus deveres. Raramente pressionam as organizações irresponsáveis;
4. a quase inexistente denúncia das organizações sem responsabilidade social pelo jornalismo investigativo incipiente;
5. o número expressivo de empresas com único proprietário, despreocupado com a existência, a longo prazo, de sua organização;
6. a existência de várias empresas estatais e privadas, com monopólio no seu setor da economia, desconhecedoras dos problemas com a concorrência e de opção de escolha pelos seus clientes;
7. a morosidade do sistema judiciário, dificultando a execução da justiça em benefício dos prejudicados;
8. o recente filão de causas reclamatórias propiciado pelo Código do Consumidor e explorado pela comunidade do Direito;
9. a dependência da agropecuária em relação ao governo, sem preocupações com outros públicos, exceção, talvez, aos cartéis internacionais, na ocasião de exportar;
10. a carência de narrações das façanhas dos profissionais e da atividade de Relações Públicas, logo não assentando mitos nesta área;

De maneira proposital, deixei por último uma razão especial, a fim de chamar um pouco mais de atenção sobre ela. Refere-se a:

11. alguns problemas específicos na teoria, no ensino e na prática da atividade de Relações Públicas.

A causa original deste último problema provavelmente encontra-se no paradigma de como muitos membros da comunidade de Relações Públicas estão entendendo, oferecendo e operacionalizando a atividade. A comunidade aglutina muitos crentes da compreensão mútua e do mito da comunicação. Pior, ainda, executam tarefas sob visão restrita, produzindo eventos e peças que qualquer pessoa com habilidades sociais poderia realizar sem a necessidade de formação universitária. Os resultados, quando assim se exerce a atividade, são mais circunstanciais do que, estrategicamente, alinhavados. Oferece-se a atividade necessária às organizações, porém promovendo-a com argumentos equivocados e colocando-a em prática com resultados ineficazes para os problemas reais das organizações.

Por desvio histórico, o ensino da atividade de Relações Públicas, apesar de ter brotado, no Brasil, na área da Administração, foi florescer e dar frutos na esfera da Comunicação Social. Oferecem-se e praticam-se a compreensão mútua, a comunicação, a promoção e, principalmente, os benefícios sociais. As inquietudes profissionais são mais com a ética da ação organizacional, logo, com a responsabilidade social. Deixam-se, em segundo plano, o retorno dos justos resultados políticos da cooperação e, a seguir, o balanço econômico-financeiro positivo. Paradoxalmente, o nível de consciência da conduta profissional antiética, por vezes, é baixo. Pouco se percebe estar ela posicionada na superficialidade do discurso e, pouco ou quase nada, na busca da ação comunicativa, no sentido que lhe dá Habermas (1987). Por outro lado, a observação participante no mercado da atividade desvela indícios, na comunidade de Relações Públicas, de conscientização de que não se pode nem se deve trilhar, exclusivamente, o princípio da formação de imagem sem qualquer vínculo com a realidade.

Uma das variáveis da causa histórica desses desvios radica-se na adoção da definição conceitual de Relações Públicas, estabelecida pela Associação Brasileira de Relações Públicas – ABRP, desde seus primórdios, que é a tradução literal da definição do Instituto Inglês.

Esta definição foi mantida e divulgada, até hoje, sem nenhuma crítica objetivo-científica dos profissionais e dos acadêmicos da área. Esta definição tem construído dois problemas:

1. situa a atividade, exclusivamente, no foco da comunicação sem delimitar os significados deste conceito e encobre os aspectos da relação de poder no sistema organização-públicos. Portanto, se esquece de que as causas primárias que levam aos conflitos, tanto internos como externos, são as divergências de interesses;
2. faz com que a atividade seja percebida e atue, exclusivamente, de maneira operativo-tarefeira. Parte da comunidade de Relações Públicas tem atuado, profissional e timidamente, quando muito, nas "batalhas das idéias" (*Metáfora*, de Pirie, 1988, p. 37) e deixado de lado o assessoramento na implementação de políticas organizacionais. Assim posicionada, tem tido seu mercado de trabalho prejudicado. Aos empresários, aos governantes e aos dirigentes de qualquer tipo de organização interessa escutar outras justificativas e verificar resultados que justifiquem seu dispêndio de tempo e dinheiro com a contratação de um profissional e com todos os programas de ação que lhe serão propostos.

Se tudo isso ocorre, é óbvio que se deve realizar a análise da situação e, se necessário, propor novo quadro de referência para o ensino e para a prática da atividade. Este novo enquadramento de como se entende e se pratica a atividade profissional de Relações Públicas deve conter, intrinsecamente, uma teoria e, por conseguinte, uma definição da atividade, segundo os princípios da essencialidade, integrando os aspectos conceituais com os operacionais, que venha a:

1. evidenciar, objetivamente, sua missão e os resultados culturais, econômicos, políticos e éticos para a *sociedade*;
2. explicitar, aos *dirigentes organizacionais,* a ação do profissional, a fim de que possam exigir dele o desempenho adequado do seu papel, contratando-o como estrategista com soluções políticas para os conflitos da organização com os públicos e evitando posicioná-lo, exclusivamente, como executor de instrumentos de informação e persuasão ou, pior ainda, como simples promotor de produto;

3. caracterizar a *prática da atividade*, permitindo ao profissional, ao chegar à organização, dizer ao poder central que está ali para ajudá-lo a ganhar tempo e dinheiro, monitorando a orientação e o ritmo na busca da missão e dos objetivos organizacionais;
4. facilitar o *processo ensino-aprendizagem* da atividade por oferecer um *rationale* a todos os envolvidos com ele;
5. conscientizar aqueles que *administram o currículo* para imprimir a filosofia do curso e estruturar, econômica e sinergicamente, a relação das disciplinas;
6. promover o entendimento no *corpo docente* por meio de enfoques adequados das suas diversas disciplinas, evitando ausência ou redundância de assuntos;
7. objetivar as *práticas didáticas*, fazendo do curso a preparação para o mercado, jamais, somente, a orientação para o mercado;
8. desvelar a *bibliografia* complementar das Ciências Sociais que dá suporte à compreensão de todas as dimensões do fenômeno do processo no sistema organização-públicos;
9. assinalar aos *professores* a linha de raciocínio que discrimine Relações Públicas das outras atividades do ramo da Comunicação Social e da Administração;
10. orientar os *candidatos* aos cursos de Relações Públicas, antes do ingresso na universidade, sobre a profissão em que pretendem canalizar suas energias, estudando e, depois, despendendo parte ou toda a vida;
11. motivar os *pais* dos alunos, aclarando-lhes o significado do curso que estão pagando e por meio do qual esperam, em futuro próximo, ver seus filhos bem situados na vida;
12. franquear, às diversas *categorias profissionais* e *à sociedade,* em geral, o ser e o fazer desta profissão, consoante uma ideologia que lhe prescreva saga gloriosa.

Finalizando, penso que esta introdução contenha suficientes dados que venham a auxiliar na argumentação do porquê pesquisar a fim de aprofundar as bases teóricas da atividade de Relações Públicas. Muitas hipóteses poderão ser levantadas, mas permanecerão boas teorias se se enquadrarem nos critérios internos (Demo, 1985, p. 16) de *coerência* – falta de contradição, *consistência* – capacidade de resistir à argumentação contrária, *originalidade* – produção não repetitiva e, por último, *objetivação* – tentativa de produzir a realidade assim como ela é.

·2·

A metáfora do quebra-cabeça

Obviamente, este é um discurso datado.

A estruturação científica de um ramo do conhecimento humano pode ser colocada em paralelismo à solução de um quebra-cabeça. Ao início do quebra-cabeça, é dado a alguém o desafio de montar algo. A idéia do que montar é totalmente vaga, a não ser que lhe seja mostrado o objeto já construído. Esta segunda versão não ocorre na ciência. Na teoria, a princípio, o cientista defronta-se com o caos. Percebeu, por si próprio ou com o auxílio de outros, um fenômeno, mas seus conhecimentos não permitem decifrá-lo. Começa, então, a questionar-se.

A montagem de uma teoria, que explique determinado fenômeno, exige, antes de tudo, sua percepção. A seguir, mesmo que não se aceite o determinismo positivista – tudo o que ocorre é em razão de uma causa – e não se queira generalizar seus princípios para todos os cenários, busca-se compreender o fenômeno e saber por que ele acontece. Isso significa que a premissa inicial, em ciência, é a de que um fenômeno é o resultado de variáveis independentes, que se interligam e produzem determinado resultado, no processo de um sistema.

A compreensão, fase primeira do desafio científico, somente ocorrerá se o cientista perceber o fenômeno. Começa, então, a fazer ciência, perguntando-se: O que ocorre? Como ocorre? Quando ocorre? e Por que ocorre? Cada uma dessas questões solicita um tipo de metodologia específica de investigação. Não é diferente com o "decifrador". Este pergunta-se: O que tenho de construir? Como tenho de construir? Quanto tempo levarei para montar a peça?

Alguns cientistas e seus paradigmas de investigação satisfazem-se apenas com a compreensão do fenômeno. Outros desejam ir mais adiante. Almejam prever seus estados futuros e até controlá-los, colocando no processo variáveis intervenientes. Compreender o enigma não é suficiente para aquele que lida com o quebra-cabeça. Sua ambição é resolvê-lo. Sua satisfação ocorre ao ver a peça concluída.

O meticuloso "decifrador" do quebra-cabeça inicia sua tarefa identificando as peças. Prossegue definindo, com extremo cuidado, seus contornos, suas possíveis posições, imaginando como elas se integram e, depois, busca encaixá-las no sistema. O metodológico cientista busca identificar os conceitos e trata, em seguida, de defini-los a fim de evitar ambigüidades. Levanta, ou não, hipóteses. Elabora, ou não, teorias e, somente então, parte para a investigação dos princípios, que aglutinam os conceitos, as definições, as hipóteses e as teorias. Faz isso buscando comprovar ou testar suas idéias e, então, interligá-las numa rede.

Qualquer que seja a metodologia, devem-se possuir e dominar alguns conceitos iniciais para, pelo menos, descrever o fenômeno e iniciar a construção da teoria. O processo de descrição defronta-se com o problema dos conceitos. Os termos, retirados da linguagem do senso comum, se apresentam com inúmeros significados adquiridos em sua origem e em sua trajetória histórica, positiva ou negativa, por onde foram utilizados. Os termos da linguagem do senso comum são polissêmicos. Em razão disso, o cientista tem de dar a eles um único e específico significado na ciência. Por vezes, quando o cientista não encontra em sua língua um termo adequado, vai buscá-lo no grego ou no latim, cujos termos, por terem permanecido clássicos, mantêm significados bem específicos. Há outros casos em que se criam *constructos*, termos originais ou não, definidos especificamente para determinado uso. Exemplos de constructos, em Ciências Sociais, são atitude, inteligência, coeficiente intelectual. Por esse motivo, em ciência, não é aconselhável buscar a compreensão de termos utilizados num texto científico no dicionário da língua em que o texto está redigido.

Alguns, mais apressados, tentam logo a montagem. O método em si é válido, pois até podem acertar, mas, normalmente, erram. Tomam desvios inapropriados e, logo adiante, têm de voltar. O tempo em si não foi perdido, pois já se sabe que aquele caminho não resulta na solução do problema, desde que isso seja relatado a outros participantes do desafio. A crítica é feita ao fato de não terem seguido um método sistêmico, analisando o problema que possuem em mãos, tampouco planejando as ações para resolvê-lo. No paralelismo com a ciência, pode-se afirmar que muitos "cientistas" se apressam, com suporte intuitivo, a explicar fenômenos, sem antes colocar alguns requisitos básicos do processo.

No quebra-cabeça, a compreensão do objeto somente é possível depois que todas as peças estiverem colocadas em seus específicos lugares. A dificuldade da montagem está em que as peças cabem em diversas posições. A peça, colocada num lugar em que se encaixe, mas não seja especificamente aquela posição, impede, *a posteriori*, a conclusão do objeto. O objeto será concluído *se e somente se* cada peça estiver *se e somente se* nos seus únicos e específicos lugares. Assim, também, o é com a teoria. Os conceitos necessitam existir. Depois, devem estar muito bem definidos e, a seguir, articulados em princípios, e estes articulados na rede teórica. Tudo baseado no princípio essencialista do *X é igual a Y se e somente se Y é igual a X*. Um conceito mal-utilizado pode levar a deduções equivocadas.

O trabalho exitoso é aquele que conclui a montagem do quebra-cabeça, apesar de inúmeras tentativas de acerto e erro, observando, colocando, retirando, recolocando até ao resultado final. Na ciência, cujo resultado final é sempre uma incógnita, o processo de busca é semelhante. O "quebra-cabeça" científico, no entanto, jamais é resolvido. O cientista está sempre buscando a resultante final, mas sabendo que, de inopino, pode surgir uma melhor teoria que explique o fenômeno, mesmo que a anterior exista há séculos. Não é demérito algum, para o cientista, no decorrer de sua vida científica, mudar a posição das "peças" no cenário da teoria ou, até mesmo, a teoria. Aliás, a ciência avança pela crítica e refutação permanentes, jamais pela concordância *a priori* das idéias relatadas à comunidade científica. Ciência não tem a verdade, logo não implica dogmas.

O transporte dessas assertivas para a disciplina Relações Públicas implicaria dizer que o processo de elaboração de uma teoria de Relações Públicas encontra-se no estágio do caos. Há milhões de dados, mas não existe informação, pois a significação dos dados não leva a decisões eficazes no trato com a atividade. Além disso, não há consenso: os membros da comunidade de Relações Públicas interpretam de distintas maneiras os conceitos com os quais lidam e elaboram proposições teóricas, por vezes, estapafúrdias, partindo de premissas totalmente erradas ou absurdas. O pior é quando, em vez de testar, tentam justificar com bases ideológicas.

A inexistência de um conjunto de conceitos estabelecido, de maneira crítica, pela comunidade que estuda esse ramo do conhecimento humano permite a invasão de suas fronteiras por expressões que mais confundem do que esclarecem. Isso ocorre com os termos *endomarketing*, *marketing* social, *promoter* que, não criticados pelos professores ou, pior ainda, apoiados, são assimilados, equivocadamente, pelos alunos, gerando antes confusão do que aprendizado.

O problema se agrava quando se entra na esfera das definições. A falta de definições precisas faz com que se utilizem os conceitos de qualquer maneira, muitas vezes, como se fossem sinônimos. E, quando são efetivamente sinônimos, como se fossem antônimos. Exemplos deste imbróglio são facilmente identificados. Costuma-se dizer: Relações Públicas é formar imagem. Nesse caso, confunde-se a essência com um dos objetivos. Certamente, cometendo erro mais grave, caso este não seja o objetivo da atividade. Os alunos, quando questionados sobre o que significa Relações Públicas, costumam responder que é um profissional que faz isto e aquilo. Não tem a noção de que na universidade não se estuda o médico, o engenheiro, o relações públicas, mas a medicina, a engenharia e a atividade de Relações Públicas. Todas fundamentadas em diversas ciências particulares. A utilização do polissêmico termo Relações Públicas, sem um explicativo anterior, mais confunde do que esclarece.

Enfim, confirma-se o caos. Necessita-se de uma epistemologia, a fim de poder-se criticar esta "ciência", cujo designativo talvez não seja Relações Públicas, mas o de uma ou várias outras ciências sociais particulares. De minha parte, entendo que os princípios básicos, que fundamentam a teoria da atividade de Relações Públicas, se encontram, basicamente, na *Micropolítica*.

Poder-se-ia argumentar que, no que se refere à disciplina Relações Públicas, caso se parta da premissa de que as pesquisas neste campo visam compreender um único fenômeno, num único cenário, sem jamais propor algum tipo de generalização para outras situações, não seria necessário empreender esforços de situar esta disciplina em nível universitário. Seria suficiente colocá-la na escola técnica. O ensino se restringiria às técnicas. O problema estaria no desconhecimento do porquê do emprego das técnicas, aplicando-as no método de tentativas de acertos e erros, na quase totalidade das vezes mais de erros do que de acertos. Assim a atuação profissional estaria longe de possuir bases tecnológicas, éticas e estéticas e, sem dúvida alguma, econômicas.

A comunidade de Relações Públicas necessita ter consciência de que sua atividade situa-se muito mais na esfera da Administração, da Comunicação, da Psicologia Social e da Micropolítica. Estas ciências estruturadas no paradigma funcionalista, mais precisamente na teoria geral dos sistemas, ambicionam o controle das variáveis intervenientes nos processos dos fenômenos que lhes são devidos. A disciplina Relações Públicas, em face dessas premissas, evita as elocubrações simbólicas suspeitas e algumas propostas feitas por autores que utilizam somente paradigmas descritivos, enquadrando-se na esfera de um conhecimento testado e, se possível, generalizado, até que ocorra uma revolução científica e apresente outra versão dos fatos.

A diferença entre o quebra-cabeça e a montagem de uma rede teórica está no fato de que o primeiro, apesar de permitir inúmeros métodos para sua montagem, é um sistema fechado. Quando resolvido, extingue-se em si mesmo. A elaboração de teorias também aceita diversas metodologias, mas suas soluções são parciais e embriões para novos problemas. A rede teórica implica, em si própria, um infinito sistema aberto.

·3·

A disciplina Relações Públicas: seu processo e seu programa

- ## A INQUIETUDE

A missão, e seu desafio, de habilitar professores e profissionais de Relações Públicas para o exercício do magistério e da profissão ressente-se da falta de um *rationale*. Este termo, da língua latina, utilizado na documentação científica, possui o significado de *razão lógica, base lógica de qualquer coisa* (cf. *Italian Dictionary – Inglês-Italiano*, 1967, p.596). A ausência desta base lógica prejudica a relação dos professores com seus alunos, dos profissionais com seus clientes e da comunidade de Relações Públicas com a sociedade em geral.

A inexistência deste *rationale* impele aqueles que tratam do tema para deduções, aparentemente certas, mas na realidade equivocadas, pois partem de premissas erradas. Identifica-se este fato nas diversas obras existentes sobre Relações Públicas nas quais a definição conceitual da atividade, por vezes, equivale aos seus objetivos, outras aos seus instrumentos e, mais ainda, à sua ética. Observa-se que documentos, ditos científicos, ou pelo menos elaborados no âmbito da academia, sobre Relações Públicas misturam as esferas da epistemologia, da teoria, da prática, do mercado de trabalho, dos aspectos legais, da ética e da política deste setor da economia, sem se dar conta da miscelânea que estão construindo e da confusão que estão provocando nos diversos segmentos da comunidade de Relações Públicas. Professores e alunos defrontam-se com dificuldades no que diz respeito ao que estão explicando e ao que deveriam estar compreendendo sobre esta tal de "Relações Públicas".

O termo Relações Públicas, quando utilizado isoladamente sem um explicativo anterior: disciplina, profissão, profissional, atividade, função, pode levar a interpretações distorcidas. Em razão do que não deve ser surpreendente a existência de 427 definições conceituais de Relações Públicas, algumas semelhantes, outras totalmente divergentes levantadas por Horlow, em 1974, conforme relato de Priess (1997, p.121). Logo, a falta de consenso e o caos reinam nesta esfera do conhecimento, levando alguns a dizer que se trata de uma ciência, apesar de não saberem defender esta idéia, e outros, que não percebem ou cujo juízo de valor não chega a tanto, a dizer que se trata de uma técnica ou, pior ainda, de um "esforço, planejado e contínuo".

Por esta razão, apresento a seguir este artifício didático, ilustrado por um *design*, para servir como código e critério tradutor do que se diz e faz com respeito à disciplina Relações Públicas e, por conseqüência, à atividade profissional. Este quadro busca, também, demonstrar que, se as Relações Públicas não se fundamentam numa ciência particular, pelo menos se deve encontrar uma disciplina que, teoricamente, explique seu processo e sustente seu programa, permitindo, assim, o entendimento entre aqueles que tratam com o tema, tornando o processo de ensino-aprendizagem menos confuso e a ação profissional mais eficaz.

- ## A PREMISSA MAIOR

O ser humano, por intermédio de um conjunto especial de pessoas, designado pelo termo cientistas, agrupados em comunidades, de acordo com os seus objetos específicos de estudo, busca analisar fenômenos que ocorrem no mundo fático, a fim de pelo menos compreendê-los e, se possível, prevê-los e controlá-los e, assim, dar aos seus semelhantes a possibilidade de vida melhor. O referencial teórico é condição *sine qua non* para a observação do fenômeno e para o levantamento de hipóteses de suas causas. A explicação do fenômeno somente é possível após sua ocorrência. Não existe ciência *a priori* do fenômeno.

A comunidade científica mundial classificou seus estudos (e ainda aceita esta taxionomia) em duas grandes áreas: as ciências da natureza e as ciências da sociedade. Além disso, para facilitar suas investigações, fragmentou esta divisão em diversos ramos de conhecimento, em razão das variadas óticas e especificidades das áreas de fenômenos que ocorrem nos mundos da natureza e do social. Assim, foram identificados os domínios particulares, correspondendo ao mesmo número de comuni-

Quadro 1. O modelo

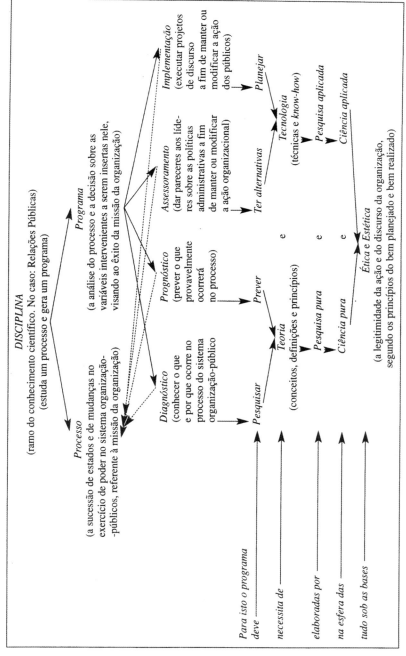

dades específicas que com elas trabalham. Essas áreas ou ramos do conhecimento são designados pelo termo disciplina.

A atividade profissional de Relações Públicas, cuja habilitação é adquirida no âmbito da cultura universitária no qual a ciência possui seu ninho, se propõe a intervir num fenômeno social específico: a relação política entre a organização e seus públicos. Ora, se é uma atividade artesanal, está mal localizada. Se é uma atividade científica, deve conter e ser, na sua essência, uma disciplina, ou seja, um ramo do conhecimento científico possuidor de uma rede teórica, na qual todos os seus conceitos, definições e princípios estejam logicamente interligados e na qual o pinçar de um leva a desvendar a relação existente com os demais. A compreensão da necessidade do conhecimento científico talvez seja facilitada pelo esquema que se segue.

- A VISÃO GERAL

O quadro 1 representa um modelo gráfico suposto pela teoria aqui reportada, basicamente em seus conceitos e nos vínculos entre eles. Entenda-se por modelo a *"representação, gráfica ou não, de modo mais ou menos simbólico e com alguma aproximação, certos aspectos, jamais todos, do sistema real"*. (Bunge, 1974, p.16). Neste caso, trata-se de artifício didático, criado para ajudar a compreensão dos argumentos utilizados no texto explicativo. A leitura do quadro deve ser realizada:

1. iniciando-se pelo primeiro nível, no qual constam o termo *disciplina* e sua definição;
2. seguindo em direção ao pé da página;
3. bifurcando-se na direção do *processo* e do *programa*;
4. caracterizando o significado destes termos em Relações Públicas;
5. prosseguindo pelas *quatro funções* básicas da atividade;
6. passando pelas *ações* específicas para exercê-las;
7. encontrando os conceitos *teoria e tecnologia*;
8. atingindo os níveis das *pesquisas pura e aplicada*;
9. chegando às esferas das *ciências pura e aplicada*; e
10. finalizando com os conceitos de *ética* e *estética*.

Espero que o percurso pelas idéias do texto seja mais bem assimilado pelo raciocínio, permitindo inferências e críticas.

- O PROCESSO E O PROGRAMA

Pirie (1988) desenvolveu a teoria sobre as disciplinas, argumentando que cada uma, quer seja da natureza, quer do social, implica dois elementos: o processo e o programa. Segue-se, com o auxílio do quadro 2, a explanação sobre este ponto.

Quadro 2. A disciplina: o processo e o programa

DISCIPLINA
(ramo do conhecimento científico
No caso: Relações Públicas)

Processo	*Programa*
(a sucessão de estados e de mudanças do exercício de poder no sistema organização-públicos, referente à missão da organização)	(o diagnóstico, o prognóstico do processo e a decisão sobre as variáveis a serem insertas nele, visando ao êxito da missão da organização)

O processo refere-se à estrutura do fenômeno, ou seja, aos seus componentes e à sua dinâmica. Contém o fenômeno em si com todo seu entorno, caracterizado por eventos subseqüentes. Nele se localizam as variáveis independentes, aquelas que ocorrem ao natural, sem a intervenção consciente e intencionada do ser humano. O fenômeno pode ocorrer de inúmeras maneiras. Pode ser benéfico ao ser humano, mas pode, também, prejudicar a sociedade ou parte desta. O programa é entendido como a formação de políticas, após a análise do processo.

Um fenômeno pode ter a atenção dos cientistas tanto quando ocorre de maneira anômala, como quando se sucede normalmente. Na maioria das vezes, a percepção dos cientistas fica aguçada quando o fenômeno está provocando algum problema à sociedade. Os cientistas o colocam como objeto de estudo, lançam suas teorias e transferem sua tarefa aos técnicos, que criam instrumentos para alterar o processo. Os cientistas apresentam as idéias sobre o mundo, enquanto os "engenheiros" modificam o mundo. Os "engenheiros" ou técnicos, do ponto de vista lógico, atuam após o fenômeno ter sido dissecado, analisado e nele identificadas as variáveis que o provocam de maneira normal ou anormal.

A percepção do fenômeno depende, certamente, da evolução da civilização. Antes se morria de "nós nas tripas" e era algo aceito como um desígnio dos "céus", irrevogável e irreversível. Hoje se continua morrendo, em razão das mesmas variáveis que ocorrem no organismo humano, mas já se sabe que pode ser uma oclusão tóxica ou mecânica do intestino e busca-se tecnologia para controlá-la. A intervenção num fenômeno, do ponto de vista de um saber cientificamente constituído, seria de bom alvitre se ocorresse, apenas, após sua compreensão, caso contrário poderá potencializar o problema.

O designativo público possui um sentido semântico, estabelecido historicamente, que não caracteriza adequadamente a relação que lhe é imputada com a organização. A sugestão é de que lhe seja agregada a teoria dos *agentes com influência*, acompanhando-se o pensamento de Mintzberg, (1992). Essa construção teórica caracteriza melhor a bipolaridade de, antes de tudo, influenciar a organização e, a seguir, ser influenciado por ela. Ademais, o conceito influência enquadra-se na teoria política, dimensão ressaltada nesta obra.

- O PROCESSO

Os objetos da disciplina se encontram no processo: a organização e os públicos em estado de sistema e o conflito ou a cooperação em condição de probabilidade iminente. Sua dinâmica é condicionada pelos eventos que se sucedem no sistema, em diversas dimensões, mas principalmente na relação de poder entre a organização e seus públicos, no confronto entre as políticas e as ações para a consecução da missão organizacional com os interesses, as expectativas e os objetivos específicos de cada um dos públicos. O processo desenvolve-se pela intervenção das variáveis independentes, ou seja, aquelas que geram ou são geradas pelos eventos do fluxograma do sistema social.

O processo de Relações Públicas, ou o processo sociopolítico, possui na organização um "termostato" intrínseco a ele. Trata-se da função organizacional política que, quando ocorre em bom nível, mantém o processo funcionando adequadamente à consecução da missão da organização. Contudo, quando se desfuncionaliza, leva a organização a não atingir sua missão, por ser incapaz de influenciar, com êxito, seus diversos públicos a fim de obter sua cooperação.

Entenda-se por função organizacional política a contribuição do conjunto de programas de ação (políticas, normas, procedimentos, atividades, serviços e produtos) para a integração dos interesses comuns e específicos da organização com seus públicos, evitando o conflito e levando-os ao estágio de cooperação e, assim, à consecução da missão da organização.

Esta função, quando exercida em consonância com os interesses dos públicos, deve levar a organização a ter crédito perante eles e permitir influenciá-los para intercâmbio cooperativo de interesses. Quando não exercida adequadamente, torna-se necessário nela intervir por intermédio do programa, tendo a organização de modificar suas políticas e a se justificar por meio do seu discurso. O significado do termo discurso, nesta teoria, coaduna-se com as idéias de Habermas (1987), cuja teoria da ação comunicativa separa a ação do discurso. A teoria da semiótica utiliza o termo discurso tanto para a ação como para o verbo.

- O PROGRAMA

O programa, por sua vez, refere-se à ação consciente e intencionada de intervenção, pelo ser humano no processo, tanto para mantê-lo em determinada direção quanto para corrigir seu rumo. Ao programa cabe a tarefa de diagnosticar e prognosticar o processo, orientar os líderes organizacionais para nele interferirem e, a seguir, elaborar e executar o discurso da organização, explicando ou justificando a ação organizacional, a fim de evitar ou resolver mal-entendidos entre a organização e seus agentes com influências.

No início da humanidade toda e qualquer pessoa fazia de tudo e o realizava de maneira artesanal. Conforme a sociedade foi se tornando mais complexa, o ser humano foi modificando sua cultura. O princípio de economia de escala o levou a repartir tarefas entre seus semelhantes, gerando as diversas atividades profissionais. Além disso, em busca de vida melhor e mais longa, a sociedade impulsionou seus membros a aprofundar seus conhecimentos na busca das causas dos fenômenos para melhor compreendê-los, de maneira a ter melhor domínio sobre eles.

Toda profissão é a gestora de um programa específico que interfere num processo natural do meio ambiente, quer seja nos seus aspectos físicos, quer seja nos seus aspectos sociais. A atividade de Relações Públicas enquadra-se na esfera do social, mais especificamente da interação política da organização com seus públicos, ou melhor dito, com seus agentes com influência.

- A GERÊNCIA DO PROGRAMA

A atividade de Relações Públicas, *definida conceitualmente* como *a gestão da função organizacional política*, por intermédio do profissional também designado pelo mesmo termo, engloba quatro operações (ver quadro 3). As duas primeiras operações – diagnosticar e prognosticar – são preparatórias e essenciais para a realização das duas posteriores: assessorar nas políticas administrativas e implementar programas de comunicação. É aceitável considerar e designar o conjunto destas quatro operações, ou funções básicas, como a *definição operacional da atividade*. A definição operacional explicita *o que faz* a atividade. Estas quatro operações se implicam subseqüentemente em ordem lógica.

Quadro 3. O programa e suas funções

Diagnóstico	*Prognóstico*	*Assessoramento*	*Implementação*
(conhecer o que ocorre e por que ocorre no processo do sistema organização-públicos)	(prever o que provavelmente ocorrerá no processo)	(sugerir aos líderes políticas administrativas a fim de manter ou modificar a ação organizacional)	(executar projetos de comunicação a fim de manter ou modificar as atitudes dos públicos)
Para isto, o programa deve:			
Pesquisar	*Prever*	*Ter Alternativas*	*Planejar e Executar*

- O DIAGNÓSTICO

Antes de tudo é imprescindível diagnosticar o processo. O diagnóstico é a conclusão da análise de como se encontra a organização em face dos interesses de todos os seus públicos ou de um especificamente. Isto implica, de início, a busca de dados, ou seja, *pesquisar* sobre a organização, sua missão, seus públicos, seus interesses, os canais de comunicação com o público e também sobre a conjuntura local, regional, do país e, muitas vezes, mundial. Todos os dados necessitam ser analisados para se chegar à informação, isto é, à síntese de tudo: o problema e suas inúmeras facetas. O diagnóstico auxiliará o profissional de Relações Públicas a decidir sobre as "vitaminas ou remédios" que deverão ser colocados no processo. Se bem que, antes da "medicação", ele deverá imaginar os fatos no futuro, em cada uma das possíveis circunstâncias. Esta projeção é designada pelo termo prognóstico.

- O PROGNÓSTICO

Após o diagnóstico, deve-se inferir o que acontecerá no futuro, *prever*, caso nada ou algo seja feito pelos líderes organizacionais, em termos de modificações nas políticas organizacionais. O prognóstico é o fenômeno mental de juntada de dados do aqui e agora com as possibilidades das evoluções internas e externas da organização para o futuro. O raciocínio abstrato é extremamente exigido e a prática com casos passados pode ajudar. A previsão do fenômeno no futuro não é absolutamente um ato adivinhatório, mas um processo científico. *"Uma previsão científica é racional ao máximo (intuitiva ao mínimo), pois é uma conclusão de premissas explicitamente afirmada"* (Bunge, 1974, p. 220). O prognóstico confirmará o que deverá ser, ou não, realizado e a urgência da intervenção. Há correlação positiva entre o correto prognóstico e o êxito da assessoria e dos projetos de comunicação. Ao se ter estes dois elementos, parte-se para dar pareceres às lideranças organizacionais sobre suas políticas e, conforme as decisões tomadas por elas, implementam-se os projetos de comunicação.

- O ASSESSORAMENTO

Ao programa, após diagnosticar e prognosticar o processo, cabe a tarefa de assessorar as lideranças organizacionais quanto às políticas administrativas e, a seguir, em outra etapa, implementar programas planejados de comunicação a fim de que a consecução da missão organizacional seja eficaz. Observo que se dizer programas planejados é redundância, pois a gestão científica contém intrínseca a função de planejar.

O assessoramento implica dar pareceres sobre as políticas administrativas que venham a gerar a integração de interesses com os agentes de influências ou a evitar conflitos no processo decisório. Porém, isto somente é possível se o profissional tiver *alternativas* para a solução do problema. Sabe-se que, no processo administrativo, não existe uma única solução, mas várias opções para se chegar ao desejado. Dar pareceres não é um simples ato, mas uma negociação de alternativas na busca da melhor, num jogo de percepções do profissional com o diretor-presidente. Os pareceres devem ser dados à pessoa que ocupa o cargo de maior poder na organização, pois cabe a ela a responsabilidade, em última instância, de decidir ou influenciar seus subordinados quanto à ação de implementá-los.

- IMPLEMENTAR PROJETOS DE COMUNICAÇÃO

Esta é a última função da atividade, desde que seja lembrado que após cada uma delas sempre há retroalimentação e possíveis correções no processo da atividade profissional. Ela acontece porque é impossível ocorrer um acordo total entre a missão da organização, algo abstrato, e os interesses e objetivos dos públicos, algo factual da natureza humana. Esta etapa tem sua dimensão reduzida quando a organização consegue anteriormente negociar com seus públicos as expectativas da parceria e cumprir sua responsabilidade social, mas isto é uma utopia, algo praticamente irrealizável e, portanto, difícil de ser buscado e atingido.

Equívoco técnico é realizar somente esta etapa sem levar em conta as três anteriores. Pior ainda é apenas implementar alguns instrumentos colocados em prática em outras situações, justificados pelo êxito anterior, esquecendo-se de que situações diferentes normalmente requerem outros instrumentos. É certo que, nos primórdios da atividade, talvez fosse neste estilo. É errado que assim continue. Esta miopia, provavelmente, foi gerada pelos submissos ao paradigma da comunicação ou, ao reverso, por aqueles que sedimentaram certa miopia no paradigma da comunicação.

Esta fase contém os projetos, constituídos das diversas tecnologias implicadas nos diversos sentidos do termo comunicação. Pode ser apenas no sentido de informar, de persuadir ou, ainda, no de dialogar. O sentido idealizado pela atividade de Relações Públicas é a via de mão dupla e a negociação ganha-ganha, isto é, o diálogo democrático em que os parceiros do processo buscam integrar seus interesses. Grunnig e Hunt (1984) apresentam a teoria da comunicação simétrica de duas mãos. Outras palavras para o mesmo fenômeno, na ótica da comunicação. Etzioni (1978) há muito já se expressou, dizendo que a comunicação em si só não é suficiente para resolver conflitos de interesses.

Esta etapa, como as outras, supõe ação racional. Afirma Bunge (1974, p. 213): *"[...] planos ou programas inspirados, por sua vez, em diretrizes e baseados em previsões. E todos os quatro itens – previsão, diretriz, plano e ação – são componentes de um processo complexo"*. Logo, o diagnóstico, o prognóstico, as políticas e o planejamento são intrínsecos à implementação dos projetos. Caso contrário, não haverá a ação racional, mas somente tentativas aleatórias de acertos e de erros com exíguas probabilidades de eficácia.

- A EFICÁCIA DA ATIVIDADE DE RELAÇÕES PÚBLICAS

Ocorre que, para diagnosticar, prognosticar e intervir no processo, assessorando nas políticas e implementando projetos, é necessária a existência de um conhecimento teórico, ou seja, um conjunto de conceitos, definições e princípios. Implica também conhecer a tecnologia, ou seja, a gama de conhecimentos científicos que geram as técnicas. Acompanha tudo isto o *know-how*, o saber como, adquirido pelo profissional em suas experiências no dia-a-dia do seu exercício profissional. Veja o quadro 4, a seguir.

Quadro 4. A teoria e a tecnologia

Para as ações anteriores o programa necessita de:	*Teorias* (conceitos, definições e princípios)	*Tecnologia* (técnicas e *know-how*)
Elaboradas por intermédio de:	*Pesquisa pura*	*Pesquisa aplicada*
Na esfera da:	*Ciência pura*	*Ciência aplicada*

A atividade de Relações Públicas somente cumprirá seu papel e sua missão, de acordo com sua real proposta, se se adequar ao que nos diz Bunge (1974, p. 214):

a ação racional pressupõe algum corpo de conhecimento: se ignorássemos tudo acerca do sistema com o qual devemos mexer não conseguiríamos sequer identificá-lo. Este conhecimento básico, concernente ao sistema de interesses, consiste essencialmente de três itens: uma descrição de alguns dos seus traços, um modelo conceitual (de preferência teórico) do sistema e um punhado de previsões formuladas à base tanto do modelo quanto da descrição.

Caso não baste a assertiva de Bunge, apela-se a Lewin, segundo Marrow (1969, p. VIII), com sua máxima histórica: *"Nada é mais prático do que uma teoria"*. Este princípio foi certamente o que levou Deming (1994, pp.103 e 106) a escrever que: *"Sem teorias não há aprendizagem... e não há maneira de utilizar as informações que recebemos"*.

Ora, a realização do diagnóstico significa a análise de inúmeros dados na busca de uma informação. O diagnóstico é a informação, isto é, a resposta ao problema que ocorre ou poderá ocorrer no processo. Se não se tem uma teoria: Como buscar esta informação? Como fazer o diagnóstico? Como inferir sobre o futuro? Como assessorar os dirigentes? Como elaborar o programa da atividade? Aqui está outro problema da disciplina Relações Públicas: a comunidade desta atividade está longe de um consenso quanto a sua teoria, seus conceitos, suas definições e seus princípios. Apesar disso, pode-se afirmar que ela existe. Está cristalina na frente de todos nós. O problema é a obnubilação provocada pelo paradigma da comunicação e os inúmeros significados deste termo.

Por isso as comunidades de cada disciplina, segundo a taxionomia de *pesquisa pura* e *pesquisa aplicada*, realizam a pesquisa pura na busca de teorias a fim de que os fenômenos sejam compreensíveis e explicáveis. A pesquisa pura enquadra-se na esfera da *ciência pura*. O problema da disciplina Relações Públicas é que sua comunidade científica, no Brasil, é pequena e começou a surgir somente após a criação dos cursos de mestrado e doutorado. Os Programas de Pós-Graduação caracterizam-se por fazer com que seus mestrandos e doutorandos se preocupem com os princípios da epistemologia científica. Além disso, obrigam a conhecer documentos científicos de professores e profissionais de outros países, ampliando o horizonte cultural. Cabe a ressalva de que nem sempre é assim. Há, em alguns trabalhos, verdadeiros crimes contra a ciência, oriundos desse nível da academia, mas isso é a exceção. Portanto, ainda, é de número insignificante aqueles preocupados em gerar teorias confiáveis para permitir que a atividade realize o diagnóstico e o prognóstico do fenômeno e daí parta para os pareceres e a elaboração dos projetos.

Porém, se o *know-how* é adquirido e aperfeiçoado pelo labutar diário, as técnicas necessitam da tecnologia que implica, antes, teoria; logo devem-se pesquisá-las. Cai-se então na esfera da *pesquisa aplicada* e ninguém melhor do que o profissional de Relações Públicas para elaborar novas tecnologias. Contudo, como fará isto se não possui teoria; se na universidade não lhe foi inculcado que ele é estrategista, ocasionalmente tarefeiro, mas, pelo menos, técnico que busca aprofundar os conhecimentos da disciplina na qual está inserto. Técnico no sentido de que utiliza tecnologia. Em absoluto no sentido burocrático de cargo oficial legal. Sem a atitude de estrategista, ficará toda a vida condicionado ao subemprego, realizando pseudo-eventos (Boorstin, 1992). Aceita-se que nem todos os profissionais venham a desempenhar este papel. Tal fenômeno ocorre também em outras atividades profissionais. Os que se envolvem com a pesquisa aplicada enquadram-se na esfera da *ciência aplicada*.

- A ÉTICA E A ESTÉTICA

Ao final, chega-se à parte filosófica, referente à ética e à estética. Veja o quadro 5.

Quadro 5. A ética e a estética

Tudo sob as bases da *Ética* (a legitimidade da ação e do discurso da organização) e da *Estética* (o bem pensado, planejado e executado)

A dimensão da ética e da estética vincula-se inicialmente à ação organizacional e, a seguir, ao discurso produzido pela atividade de Relações Públicas. A organização, para existir e ser legalizada pelos órgãos governamentais, promete cumprir determinada missão, explicitando benefícios à sociedade. Além de legal, a organização necessita se legitimar. Isto ocorrerá se ela cumprir sua responsabilidade social, isto é, realizar aquilo que prometeu. A legitimidade das ações organizacionais, caracterizadas por esforços na procura da conciliação de interesses, é o primeiro nível da base ética.

O segundo nível encontra-se no discurso, principalmente no instrumento de negociação da organização com seus públicos mas, também, nos outros instrumentos de comunicação. Eles não podem coexistir com a manipulação, as inverdades e os pseudo-eventos.

Ambos os níveis são de responsabilidade das lideranças organizacionais mas, também, do profissional de Relações Públicas. A imagem ética de uma organização é, antes, construída pelo cumprimento de sua responsabilidade social, jamais apenas por discursos alienantes.

No que diz respeito à Estética, tem-se que a organização, além de ir ao encontro da integração de interesses, deve na sua ação e no seu discurso atuar de maneira bem pensada, planejada e executada. O desfuncionalizar estético encontra-se nos maus produtos e serviços e, certamente, no péssimo discurso, que, ao invés de esclarecer, nada explica ou justifica; ao contrário, confunde.

- ## A CIÊNCIA "RELAÇÕES PÚBLICAS"

Isto posto, conclui-se que o processo e o programa, contidos na disciplina Relações Públicas, implicam ciência. No entanto, seu melhor designativo talvez não seja "Relações Públicas", pois já existe, no âmbito das ciências sociais, uma ciência particular que contém, histórica e profundamente fundamentados, os conceitos, as definições e os princípios do relacionamento público. Trata-se da Ciência Política, mais especificamente da Micropolítica. Os conhecimentos desta subdivisão da Ciência Política, em linguagem sedimentada, já constam na sua imensa bibliografia, sendo de domínio de vasta comunidade.

A Ciência Política estuda a relação de poder na sociedade. Seu programa, segundo a teoria da interdependência, busca a cooperação – em oposição ao conflito – entre as partes, a fim de que cada uma atinja sua missão, apesar de interesses divergentes. A Micropolítica refere-se a este mesmo fenômeno, em espaços mais circunscritos.

O termo Relações Públicas ficaria para designar, essencialmente, a prática profissional, situada no âmbito da Administração, responsável pela Gestão da Função Organizacional Política. Além disso, ortograficamente, a utilização do termo, que somente existe no plural, implica, quando não usado um explicativo anterior – profissão, atividade profissional, processo – o artigo no singular, por exemplo, *a (o)......... de Relações Públicas* e, nunca, as Relações Públicas. A abreviatura, também, necessita de cuidado, na sua escrita. Considerando que o termo somente existe no plural, que no âmbito do idioma castelhano é designado pelo termo latino *pluralia tantum*, a abreviatura deveria ser *RRPP*, mais por convenção do que seguindo os princípios básicos da língua portuguesa. O termo Relações Públicas, assim no plural, designa, em sua essência histórica, as relações com os diversos públicos. Em sua caminhada pelo tempo e por várias culturas e provavelmente por um princípio de economia, passou-se a dizer Relações Públicas para todos os seus significados.

- Da teoria à prática

Apresento, a seguir, três exercícios, que articulam as premissas do capítulo com definições de Relações Públicas contidas na bibliografia sobre o tema. Estes três exercícios visam, em primeiro lugar, testar a teoria desenvolvida no capítulo. Em segundo lugar, se não falseada a teoria, possibilitar uma reflexão para utilizá-la em outras análises.

Exemplo nº 1

Veja a definição de Relações Públicas da Associação Brasileira:

É a atividade e o esforço deliberado, planejado e contínuo para estabelecer e manter a compreensão mútua entre uma instituição pública ou privada e os grupos e pessoas a que esteja, direta ou indiretamente ligada.

Utilizando-se as premissas teóricas, anteriormente apresentadas, tem-se que esta definição está se referindo ao programa: *é a atividade e o esforço deliberado, planejado e contínuo,* ao seu objetivo: *estabelecer e manter a compreensão mútua,* e caracterizando o objeto material da atividade: *entre uma instituição pública ou privada e os grupos e pessoas a que esteja direta ou indiretamente ligada.* A referência ao processo não ocorre.

Ao definir o programa como o *esforço, deliberado, planejado e contínuo,* está dizendo que é gestão do processo entre a organização e o grupo de interesses, pois a integração dos termos deliberado, contínuo e planejado implica gestão.

Caso se venha a substituir o termo *compreensão mútua* por *cooperação,* teremos maior clareza semântica. O termo compreensão mútua é ambíguo, trazendo, anexas, suas inúmeras óticas, além de situar-se nas esferas da comunicação, da psicologia e da política. Cooperação tem um significado mais preciso, localiza-se mais especificamente na esfera da relação de poder, possui uma teoria que o explicita e se caracteriza por ação.

Exemplo nº 2

Continuemos, analisando a seguinte definição, citada e recitada em algumas obras existentes em língua portuguesa, que, no entanto, por pecado científico, pois alguns autores das primeiras obras de Relações Públicas em português não referenciavam as citações às suas origens, não me foi possível saber sua origem.

> Relações Públicas são uma função administrativa por meio da qual se avaliam as atitudes públicas, se identificam as diretrizes e os procedimentos de um indivíduo ou de uma organização com o interesse público e se executa um programa de ação com o objetivo de angariar a compreensão e a aceitação públicas em favor daquele indivíduo ou daquela organização.

Esta definição já propõe Relações Públicas como *função administrativa*, caracterizando-a como atividade administrativa e explicitando as tarefas que deve realizar: *por meio da qual se avaliam as atitudes públicas, se identificam as diretrizes e os procedimentos de um indivíduo ou de uma organização com o interesse público e se executa um programa de ação*. Neste parágrafo também estão explicitados *o processo*, ou seja, o que ocorre entre a organização e o interesse público e *o programa*, caracterizado pela pesquisa, diagnóstico e execução.

O objetivo do programa está estabelecido em duas palavras: *compreensão e aceitação pública*, indo mais adiante do que a definição da ABRP. Aquela falava somente em *compreensão mútua*. Esta acrescenta *a aceitação*. Está implícito que o programa busca influenciar os públicos. Ora, isto é exercício de poder, logo, é política.

Exemplo n⁰ 3

Veja Ferreira (1997, p. 75), bem mais recente. O autor apresenta sua definição e depois busca explicá-la, dissecando-a em partes:

> Relações Públicas são os procedimentos da administração, sistematicamente estruturados, que se destinam a manter, promover, orientar e estimular a formação de públicos, por meio da comunicação dirigida, a fim de tornar possível a coexistência dos interesses visados.

Ferreira define Relações Públicas como os *procedimentos da administração*. Contudo, não explicita o significado de administração, podendo ser interpretado como a arte ou ciência de administrar, os procedimentos de toda a organização ou, simplesmente, os do centro do poder organizacional.

Em seguida, propõe como objetivo dos procedimentos administrativos: *manter, promover, orientar e estimular a formação de públicos*. Esta visão, sem dúvida alguma, difere da quase totalidade das definições existentes, mas contém bem saliente a idéia de influenciação, ou seja, de exercício de poder, portanto, de política. Este objetivo opõe-se às idéias de Mintzberg (1992), às da teoria da interdependência de Keohane e Nye (1989) e da Psicologia Social, para as quais o público existe *a priori*, com ou sem o programa de Relações Públicas. Os públicos, agentes com influência, encontram-se no processo. Não são formados no programa. O programa busca manter ou mudar suas atitudes e seus comportamentos.

Está claro que, para Ferreira, Relações Públicas implica antes de tudo a administração de um processo. Aliás, após dar sua definição, começa a explicá-la, dizendo (1997, p.75): "*a ciência da administração, após a elaboração teórica dos fenômenos observados, deverá adotar as providências que lhe são peculiares*". Neste momento está enquadrando sua definição no esquema processo – programa. Está também explicitando que são necessários conhecimentos teóricos para compreender o fenômeno.

Por fim, Ferreira complementa o objetivo: *para tornar possível a coexistência dos interesses visados* e propõe sua consecução pela *comunicação dirigida*, ou seja, essencialmente, pelo discurso. Em síntese, a definição contém de forma explícita o programa. O processo é citado na explicação feita por esse autor. Implicitamente está propondo influenciar; logo sua definição possui princípios do exercício de poder.

Se a comunidade de Relações Públicas intensificar e aprofundar, segundo um paradigma epistemológico adequado, suas pesquisas teóricas e práticas sobre o processo e o programa da sua área de domínio e relatar suas conclusões aos seus pares, possivelmente chegará a uma teoria consensual. Enquanto isto não acontecer, a diversidade de interpretações sobre o significado de Relações Públicas continuará e haverá aumento do número de definições do termo.

A caracterização de sua metodologia de pesquisa, vinculada à epistemologia de seu domínio, provavelmente fará desaparecer o estágio de elocubrações, percebido, ainda, em algumas obras. Na metodologia a determinar, tanto para a pesquisa pura como para a pesquisa aplicada, os métodos ou as técnicas de *observação participante, a análise de conteúdo da mídia e o estudo de caso* poderão vir a ajudar na tarefa de bem explicitar a ciência Relações Públicas. Estes três métodos podem contribuir, tanto na esfera acadêmica como na atuação profissional em organizações, para a produção de novos conhecimentos, principalmente porque os três são métodos que o profissional de Relações Públicas utiliza no seu cotidiano, muitas vezes sem ter consciência deles, colocando-os em prática intuitivamente e deixando de extrair desses métodos todo o potencial desvelador de princípios científicos.

Nenhuma definição do conceito Relações Públicas ainda atingiu o âmago da questão. Afinal, qual é o objetivo do programa de Relações Públicas, que deve ser administrado por alguém que exerça esta atividade? No texto, inseri a idéia de que o objetivo do programa de Relações Públicas é fazer com que a organização atinja sua missão, a qual constantemente sofre tentativas de bloqueio pelos agentes com influência (públicos). Nesta oportunidade estou deslocando a angular do objetivo da função e atividade de Relações Públicas, contidas na obra *Relações Públicas: função política* (Simões, 1995), de legitimar as decisões e as ações organizacionais, para a consecução de sua missão organizacional. O aspecto legitimação fica como suporte ético das ações organizacionais. A integração destes dois princípios garante à profissão de Relações Públicas sua razão de existência na sociedade.

A organização possui uma missão; os agentes, por sua vez, valorizam objetivos particulares. A organização é impessoal e cumprirá com sua responsabilidade social se mantiver colimada sua missão e dela não se afastar, apesar de todos os obstáculos a enfrentar. Por vezes, terá de negociar e outras tantas explicar e justificar suas ações. Se permitir que os agentes com influência (entre eles, o diretor-presidente, um dos mais poderosos) façam valer seus objetivos idiossincráticos, terá sua missão descaracterizada e provavelmente desaparecerá. A maneira de minimizar a influência deletéria dos públicos é buscar sua legitimidade, cumprindo com sua responsabilidade social para com seus públicos. A conduta ética lhe proverá credibilidade, facilitando-lhe a tarefa de enfrentar prováveis conflitos e crises que venham a ocorrer. Em acréscimo, caso aja e discurse esteticamente, aumentará suas probabilidades de êxito.

O entendimento de tudo isto somente será possível se a comunidade possuir um quadro de referência teórico que permita compreender, globalmente, o processo e o programa de Relações Públicas. A existência da rede teórica permitirá a crítica do que se está relatando de maneira fragmentada nos conteúdos de artigos, monografias, dissertações e teses, tanto de autores nacionais como de estrangeiros.

·4·

A rede teórica da disciplina
Relações Públicas

Este capítulo se refere à explicação textual sintética, auxiliada por um esquema, de uma rede teórica, organizada em seqüência lógica racional, porém não necessária. A relevância desta teoria é seu aspecto gestáltico que fornece um *rationale* para o ensino e a prática da atividade de Relações Públicas. Esta teoria vem sendo elaborada pelo método hipotético-dedutivo e testada por estudo de casos, pela observação participante, durante ações de consultoria nas organizações, por debates em seminários e salas de aula, por entrevistas com profissionais e professores da área e, obviamente, pela revisão crítica de outros autores, em especial os da área das Ciências Sociais, com destaque para os da Micropolítica.

Entenda-se por rede teórica um conjunto de conceitos, definições e princípios logicamente organizados e relacionados dedutivamente que explica o universo de determinado fenômeno e ajuda o ser humano a compreendê-lo, prevê-lo e controlá-lo. Neste sentido, há conotações com a idéia de sistema. Todos os componentes se relacionam e influenciam de forma mútua. Cada variável coaduna-se com as demais, correspondendo ao todo e o todo integrando as partes.

A necessidade de teoria na esfera de Relações Públicas é quase senso comum entre os membros da comunidade mundial de Relações Públicas, professores ou profissionais. Inúmeras tentativas foram realizadas, demasiadas definições conceituais foram relatadas, mas nenhum consenso foi alcançado. Criar teorias talvez seja algo fácil. O problema está em criar uma teoria confiável, testada de todas as maneiras e abonada pela comunidade de profissionais e cientistas da área. Teoria não se impõe. Boa rede teórica é construída por meio de argumentos, justificada pelos seus resultados na prática e desenvolvida pela crítica permanente.

Toda ciência é construída por meio de questões que são levantadas em face das inquietudes que brotam no ser humano quando se deseja saber o porquê dos fenômenos. Por isto, o esquema apresenta, vinculadas aos pontos capitais da teoria, as questões que a teoria se propõe a responder no texto.

O esquema é utilizado como artifício para visualizar os conceitos da rede e as questões geradoras das hipóteses. Ele se assemelha a uma transparência, projetada num painel, cabendo a explicação pelo expositor. Ela ilustra a apresentação, a fim de facilitar a compreensão. A leitura do esquema deve ser iniciada pelo topo da página com o conceito *Causa* da existência da atividade e seguir em direção ao pé da página, concluindo com a leitura das bases *ética* e *estética* da atividade.

Ressalto que esta é uma exposição sintética do enfoque da *Teoria da Gestão da Função Política*. Cada um dos pontos da rede foram por mim aprofundados (Simões, 1995), porém não esgotados, à semelhança de um quebra-cabeça cuja solução é utópica, no sentido de estar sempre sendo buscada.

- POR QUE EXISTE A ATIVIDADE DE RELAÇÕES PÚBLICAS?

A causa

A premissa, principal e inicial, da qual é deduzida a rede teórica, é a *Causa* da existência da atividade de Relações Públicas. A causa implica a razão pela qual a atividade foi identificada e, apesar de processo demorado, está sendo legitimada, tornando-se uma instituição. A sociedade somente legaliza e institucionaliza uma profissão se ela se propõe, vindo em seu benefício, resolver algum tipo de problema ou deficiência. Esta proposta da profissão é o que caracteriza sua responsabilidade social.

A organização se apresenta em duas instâncias. Inicialmente, expressa uma idéia abstrata, criada e posta em execução pelo ser humano, para cumprir uma finalidade social; porém, quando objetivada, torna-se algo factual, resultante dos interesses e decisões de todos aqueles que possuem poder para tanto. Toda organização possui deter-

Quadro 6. Rede teórica da disciplina Relações Públicas

Pergunta	Categoria	Resposta
Por que existe a atividade de Relações Públicas?	CAUSA	a iminência do conflito no sistema
O que é a atividade de Relações Públicas?	DEFINIÇÃO CONCEITUAL	a gestão da função organizacional política
A que visa a atividade de Relações Públicas?	OBJETIVO	à cooperação no sistema para a consecução da missão da organização
Qual o corpo de análise e de intervenção da atividade de Relações Públicas?	OBJETO Material	sistema: organização-públicos "anatomia e fisiologia"
	OBJETO Formal	conflito/cooperação "sintomatologia"

Quais os participantes do sistema?	COMPONENTES	organização – organização
		↓ ↓
		grupo grupo
		         ↓
		       quase-grupo
		↓ ↓
		pessoa pessoa
		    ↓
		indivíduo

Quais as esferas do relacionamento?	DIMENSÕES	cultural, econômica, política, ideológica, histórica, jurídica e filosófica
Quais as fases na dialética cooperação/conflito?	ETAPAS	satisfação, insatisfação, boato, coligações, pressão, conflito, crise, troca de poder, arbitragem, convulsão social
Como é exercida a atividade de Relações Públicas?	DEFINIÇÃO OPERACIONAL	diagnosticando o sistema; prognosticando o futuro do sistema; assessorando nas políticas organizacionais; e implementando programas de comunicação
Com que variáveis a atividade de Relações Públicas intervém no processo?	BASES DE PODER	ação: legal, legítima, recompensa comunicação: informar, persuadir negociar
Qual o elemento comum às bases de poder que organizam o processo?	MATÉRIA-PRIMA	informação: redução da incerteza
De que maneira são enviadas as mensagens?	TÉCNICAS MIDIÁTICAS	de entrada, de saída e mistas
Que fatores justificam a existência da atividade de Relações Públicas?	BASES FILOSÓFICAS	ética: a legitimidade da ação organizacional estética: as ações bem pensadas, projetadas e realizadas

minado propósito, dito na linguagem da teoria de administração, de uma *missão*. A consecução da missão implica decisões, de acordo com premissas técnico-político-econômicas, que levem a ações eficazes. A organização, transcendendo a ótica dos seus componentes, necessita de decisões eficientes para cumprir a missão que é essencialmente sua, diferente dos objetivos particulares dos seus membros. Além disso, a organização, factualmente, é uma sociedade e está inserta em outra sociedade maior, para as quais, sociedade interna e sociedade externa, presta serviços. A organização abstrata solicita decisões técnicas; contudo, a organização factual se defronta com decisões valorativas.

Todavia, apesar da interdependência entre as partes (Keohane e Nye, 1997), nem sempre os interesses são convergentes, mesmo entre a organização abstrata, contida no imaginário da sociedade, e a sociedade factual, constituída por diretores, gerentes e empregados, materializada em edifícios, produtos, logotipia. Interna e externamente, a organização é pressionada por agentes de influência que, tendo algo em comum com a organização, ganham o designativo de públicos. Cada um desejando impor suas próprias decisões ou influenciar as decisões dos outros sobre recursos escassos. Daí a iminência do conflito. Entenda-se por *conflito* (March e Simon, 1972) *um colapso no sistema decisório*. O conflito, caso ocorra e perdure por muito tempo, traz sérios prejuízos à organização, ao sistema e à sociedade, pois toda energia, principalmente a dos membros da organização, é carreada para a solução do conflito, deixando de lado os aspectos produtivos. Logo, o conflito, apesar de conter algo positivo, deve ser evitado ou resolvido, tendo-se, assim, ações preventivas e curativas respectivamente. A prática destas ações cabe a uma função organizacional específica.

- ## QUAL É A ESFERA DE ATUAÇÃO DA ATIVIDADE DE RELAÇÕES PÚBLICAS?

A *função organizacional política*

A organização não existe estaticamente. Não é, em absoluto, um objeto físico, mesmo que se materialize em edifícios, máquinas e outros aspectos materiais que a identifiquem. A organização existe, funcionalizando-se de inúmeras maneiras por meio de um número incomensurável de ações. Observando-se as ações, qualitativa e estatisticamente, identificam-se ações interligadas. Isto permite classificá-las em algumas categorias, designadas por funções ou, se desejarmos, subsistemas organizacionais.

Os cientistas de teorias das organizações as têm explicado por meio de funções ou subsistemas organizacionais de produção, financeira, *marketing*, recursos humanos, pesquisa e desenvolvimento e administração geral. Contudo, o conjunto de funções não se esgota nestas seis. Há uma sétima, designada *função política*. Por tal, entendam-se *a filosofia, as políticas e as ações inter-relacionadas que, sob o enfoque de relação de poder/comunicação, visam à consecução da missão organizacional*. As funções organizacionais visam à consecução da missão organizacional, cada uma segundo sua ótica específica. A função política se refere à relação de poder entre a organização e todos aqueles agentes com influência que podem interceptar ou desviar sua trajetória. Esta função contém as ações correlacionadas com o processo de exercício de poder/comunicação interno e externo à organização.

Caso se aceite, assim como relatam March e Simon (1972) e Mintzberg (1992), que a relação de poder, entre A e B, configura-se num jogo de tomada e influência de decisão em que o conflito e a cooperação pertencem à dinamicidade do jogo, tem-se que causa e solução do problema são explicadas na esfera da ciência política.

• O QUE É A ATIVIDADE DE RELAÇÕES PÚBLICAS?

A definição conceitual

Esta função organizacional, assim como as outras, cumprirá sua finalidade se exercida de maneira adequada. Estudos de casos da prática administrativa demonstram, sobejamente, que sem atenção ao seu processo ocorre a desfuncionalização, e a organização se defronta com conflitos e crises freqüentes. Se as outras funções anteriormente citadas possuem um gerente específico, então, isso também deveria acontecer com a função política. Ela necessita ser gerenciada. O gerenciamento desta função cabe à atividade profissional de Relações Públicas. Isto aceito, define-se, por meio de conceitos, que *a atividade (profissional) de Relações Públicas é a Gestão da Função Organizacional Política*.

Essa definição terá valor se se enquadrar no princípio essencialista, segundo o qual a atividade de Relações Públicas será a gestão da função organizacional política apenas se a gestão da função organizacional política – *definiens* – for a atividade de Relações Públicas e nenhuma outra qualquer – *definiendum*. A demonstração deste outro teorema implica delimitar o tema, dizer do seu objetivo e caracterizar, perfeitamente, os objetos material e formal da atividade.

- A QUE VISA A ATIVIDADE DE RELAÇÕES PÚBLICAS?

O objetivo

Ora se, dialeticamente, causa implica solução e cooperação contrapõe-se ao conflito, pode-se pressupor como objetivo da atividade de Relações Públicas *a cooperação mútua, entre as partes, do sistema organização-públicos visando à consecução da missão organizacional*. A organização, caso não obtenha, para suas decisões, a cooperação de seus públicos, provavelmente se defrontará com muitos obstáculos em sua trajetória e terá sua missão comprometida. O fracasso ou o desaparecimento de uma organização significa prejuízo à sociedade, expresso pela redução de postos de trabalho e pela redução de produtos e serviços na economia.

Apesar de o conceito de *cooperação – ação em conjunto para atingir um objetivo comum* – já ter sido citado, aleatoriamente, em obras sobre o tema, jamais teve papel destacado na rede teórica. Agora, busco articulá-lo com os demais conceitos e seus papéis no contexto da teoria. Justifico sua escolha por considerar que a atividade de Relações Públicas não tem por objetivo, somente, formar imagem, criar a boa vontade, obter atitudes positivas e estabelecer a compreensão mútua. Todos estes termos correspondem a pré-comportamentos. São estágios prévios para se chegar à ação das partes em cooperação mútua. O objetivo da atividade almeja a *ação* favorável dos públicos à missão da organização.

- QUAL O CORPO DE ANÁLISE E DE INTERVENÇÃO DA ATIVIDADE DE RELAÇÕES PÚBLICAS?

O objeto

Extrai-se, do que até este ponto foi exposto, que o objeto de análise e intervenção da atividade é *o sistema social organização-públi-*

cos em sua estrutura – componentes e dinamicidade. Por caracterizar-se como algo factual, o sistema é designado de *objeto material*. Em analogia com a medicina, corresponderia, de forma imperfeita, à "anatomia e à fisiologia humana". Na "anatomia", tem-se os componentes do ser humano e, na "fisiologia", encontra-se sua dinamicidade.

A abordagem para análise e intervenção do/no objeto material pode ser realizada sob inúmeros enfoques, porém somente um diz respeito à atividade de Relações Públicas. Esta ótica específica é designada pelo termo *objeto formal*. Este objeto, em Relações Públicas, é a bipolaridade *conflito/cooperação* no processo do sistema. A analogia feita com a medicina é a de que este processo social seria semelhante à sintomatologia da dicotomia saúde-doença.

Essa bipolaridade caracteriza-se por alternância inopinada – ou equilíbrio dinâmico – de posições. A organização e seus públicos podem estar em estado de cooperação, mas, iminentemente, podem entrar em conflito ou vice-versa. Cooperação e conflito fazem parte da imensa família dos dois lados da mesma moeda. Estes dois estados implicam dialética. Não existe um sem o outro. Cooperação e conflito são conceitos que pertencem à teoria política. Logo, em mais um momento, pode-se afirmar que a atividade de Relações Públicas se relaciona à gestão da função política da organização.

- QUAIS SÃO OS COMPONENTES E A DINÂMICA DO PROCESSO?

A *estrutura do objeto*

Explicitando-se mais um estrato do esquema da rede teórica, chega-se ao nível em que se encontram três elementos: os *componentes*, nos quais se identificam as partes do sistema, as *dimensões*, que qualificam a relação social, e as *etapas do problema*, que caracterizam os sintomas da relação. Estão situados, em ordem seqüencial, por significarem a *estrutura* (componentes e dinâmica) do sistema.

- QUAIS OS PARTICIPANTES DO SISTEMA?

Componentes

No item *componentes*, tem-se *a organização em interação com os públicos*. A *organização* é definida (Parsons, 1969) e (Katz e

Kahn, 1979) como um *"sistema de papéis, desempenhado por indivíduos, a fim de atingir determinado propósito"*. Os conceitos desta definição permitem inferir que a organização é constituída por pessoas, ou seja, por indivíduos no desempenho de papéis dos seus personagens em sociedade. Estas pessoas não se encontram isoladas no interior das fronteiras organizacionais. Ao contrário, estão em *grupos,* isto é, *pessoas frente a frente, com valores e normas comuns.* A pessoa, em transação com outras, é a essência de toda relação. O último conceito da definição de organização, a ser dissecado, é o *propósito.* Este termo, transportado para a teoria de administração, corresponde ao conceito moderno de *missão,* isto é, *a razão de existência da organização, caracterizando sua responsabilidade para com a sociedade.* A missão organizacional difere da dos objetivos dos membros que a compõem. Quando isso ocorrer, a organização poderá ser desviada de sua rota.

Os parceiros da organização no sistema são os *públicos: pessoas, conjunto de pessoas, grupos ou organizações cujos interesses são afetados e afetam as ações da organização na consecução de sua missão.* A composição dos públicos, além de variar em tamanho e complexidade, caracteriza-se, também, pelo potencial de poder que cada um pode exercer ante os interesses da organização, com variada probabilidade de bloquear sua missão. Novamente, tem-se um aspecto da relação de poder. Logo, há mais uma inferência de que a atividade de Relações Públicas diz respeito à funcionalização política da organização.

- QUAIS AS ESFERAS DO RELACIONAMENTO?

Dimensões

Deslocando-se a ótica de análise para o campo do centro, depara-se com a coluna *Dimensões,* outro constructo, formado por vários conceitos interligados, caracterizando *as diversas dimensões do relacionamento social* da organização com seus públicos. As diversas dimensões não designam novos tipos de relação, mas aspectos específicos da relação social entre a organização e seus públicos.

A organização e os públicos, no seu transacionar, sustentado por um processo de *comunicação,* no qual a *informação* é a matéria-prima, formam um *sistema social.* A *sociedade* implica uma *relação social.* Ao existir, toda sociedade faz *cultura,* logo, toda relação social possui uma dimensão cultural. A relação cultural não é algo diferente da relação social, mas somente uma qualidade desta relação.

O sistema, ao fazer cultura, necessita de recursos que, normalmente, são escassos. As partes componentes do sistema buscam, então, *as melhores alternativas para recursos escassos*. Buscam fazer *economia*; portanto, toda dimensão social, além de cultural, é também econômica.

Por princípios da natureza humana, cada parte componente da sociedade organização-públicos deseja para si mesma os melhores e maiores recursos. Assim, esforçam-se para ter *o poder de decisão sobre eles ou, então, influenciar a decisão do outro componente sobre tais recursos*. Existe uma relação de poder. O sistema social possui mais uma dimensão: a *política*. Toda relação social é, também, política.

A decisão será tomada de acordo com os interesses da parte que conseguir argumentar e justificar seu ponto de vista por meio de *uma idéia-força – uma ideologia – um conjunto de idéias motivadoras à ação*, aderidas pela mente dos participantes ou fazendo parte da cultura da sociedade na qual se inserem. O sistema social contém, também, uma dimensão *ideológica*.

Ocorre que o sistema organização-públicos se encontra inserto no espaço e no tempo, com um processo, implicando *uma sucessão de estados da díade*; logo, há uma *historicidade* na relação social organização-públicos. Todas as dimensões citadas anteriormente convivem com a dimensão *histórica*.

Ao considerar-se que: a) normalmente, as organizações surgem para existir por mais de um ciclo de realizações e transações com a sociedade; b) cada ciclo corresponde a uma etapa histórica; c) nas etapas que se sucedem, pode ocorrer a entrada de informações no sistema, mudanças nos interesses dos públicos, ações da organização contrárias aos interesses dos públicos e até catástrofes produzidas por fatores da natureza, tem-se a iminência do conflito e a probabilidade de crise. Onde existir um processo de escolha e de decisão, há relação política. O conflito, se não evitado ou resolvido, pode trazer prejuízos à organização. A energia da organização ficará centrada no problema. Outras funções ficarão prejudicadas. Pior ainda é que, se o conflito ou a crise não for resolvido entre as partes, pode se tornar *controvérsia na área jurídica*. Ao ter-se o *litígio*, o sistema organização-públicos enquadra-se, também, sob dimensão *jurídica*.

A última dimensão apresentada pela teoria refere-se à *filosofia*. Toda ação humana pode ser compreendida pela ótica da análise filosófica. Toda a ação humana implica aspectos referentes à *ética* e à *estética*. A organização, sendo constituída por pessoas e agindo com pessoas, pode ser mais bem compreendida e explicada segundo análise destas duas óticas. A relação social da organização caracterizar-se-á como *ética se ela cumprir com sua responsabilidade social* e apresentará aspectos *estéticos se suas ações e seus discursos forem bem pensados, bem planejados e executados.*

- ## QUAIS AS FASES DO PROCESSO COOPERAÇÃO/ CONFLITO?

Etapas

O terceiro e último elemento constitutivo desse nível da rede teórica corresponde às diversas *etapas* do processo de interação que ocorre no sistema organização-públicos. Em analogia com a medicina, tem-se a "sintomatologia" – *os diversos estados em que se pode encontrar a bipolaridade conflito/cooperação.* Obviamente, esta descrição linear de aprofundamento dos problemas, no relacionamento entre a organização e seus públicos, é didática. Significa que não ocorre na seqüência apresentada, podendo ocorrer saltos, superando uma ou várias etapas. O valor teórico está em identificar em que situação se encontra a relação, portanto, no diagnóstico.

Essas etapas são:

Satisfação – quando o processo flui sem problemas. Os públicos satisfeitos (conscientes ou não) cooperam com a organização ou, pelo menos, não colocam obstáculos à ação organizacional.

Insatisfação – o clima se apresenta desconfortante para os públicos sem, todavia, qualquer reação contra a organização.

Boato – se os públicos não possuem consciência plena do fato, se nada lhes é esclarecido, iniciam-se inúmeras histórias, de modo geral, prejudiciais à credibilidade da organização.

Coligações – os públicos, se não recebem informações sobre o estado de coisas ou percebem descaso por parte da organização, e sem poder para alterar o rumo dos acontecimentos, buscam o apoio de outros segmentos da sociedade, principalmente da mídia.

Pressão – os públicos organizados e com apoio de outros pressionam a organização para mudar suas políticas. Melhor ainda, quando o governo, por intermédio de uma de suas instituições, interfere em favor do público.

Conflito – se a organização persistir com suas políticas ou não as justificar, ocorre um impasse no processo de inter-relação.

Crise – o aprofundamento do conflito pode levar a uma ruptura no sistema. As partes se afastam. O processo de relacionamento se fragmenta.

Arbitragem – não mais havendo condições de entendimento, uma das partes apela ao poder judiciário para solução dos seus direitos. O governo, mais uma vez, intervém ou propõe a arbitragem a uma terceira parte de aceitação dos envolvidos.

Convulsão Social – o desespero, o descontrole da situação, a liderança de facções fanáticas podem levar os públicos a apelar para soluções violentas. Repito, estas etapas, obrigatoriamente, não ocorrem nesta ordem linear. Pode haver um salto da etapa da insatisfação para a convulsão social, caso o ambiente em que estiver inserto o sistema organização-públicos for favorável a este fenômeno. Leitura atenta destas etapas desvela o exercício de poder que nelas acontece, mas que se situa como pano de fundo. A aparência fica com a comunicação. Poder e comunicação são os dois lados da mesma moeda.

- ## COMO É EXERCIDA A ATIVIDADE DE RELAÇÕES PÚBLICAS?

Definição operacional

A definição conceitual de determinado objeto não é suficiente para sua compreensão. No caso de Relações Públicas, existem mais de 500 definições conceituais (Priess, 1997), cada uma específica à ótica de cada autor sem nenhum consenso sobre elas. Compreender como a atividade é exercida parece ser mais fácil do que responder o que é a atividade. Busca-se apoio, então, na definição operacional, ou seja, na definição de um conceito segundo as suas ações ou operações (Bridgmann, 1927). Se a definição conceitual é singular a esta teoria, a definição operacional, salvo pequenas complementações ou troca de termos, está próxima de um comum acordo entre professores e profissionais da área. Pode-se comprovar esta assertiva por intermédio do Acordo do México (1978), pela bibliografia específica do tema e, ainda, pelo que (Pirie, 1988) se caracteriza como o programa de uma disciplina. As quatro funções operacionais básicas da atividade são:

1. *diagnosticar o sistema organização-públicos;*
2. *prognosticar o futuro do sistema;*
3. *assessorar as chefias organizacionais sobre as políticas da organização;*
4. *implementar programas de comunicação.*

Ora, a análise de conteúdo desse conjunto de ações, também designado por *programa* da atividade, permite identificar as funções administrativas de *pesquisa*, a fim de poder diagnosticar o processo do sistema; *planejamento*, para que os programas de comunicação sejam eficazes; *assessoria*, quando se sugerem políticas organizacionais; *execução* do programa, *coordenação* da equipe e do processo de comunicação, realizado por outros membros da organização, e *avaliação* dos resultados, confirmando anterior asserção de que a atividade de Relações Públicas é uma atividade administrativa. Falta caracterizar seu campo de ação na esfera organizacional. Para isto, é necessário ver o processo em que o programa, caracterizado pelas quatro funções exercidas, intervém. A perfeita caracterização dos objetos material e formal de uma atividade é útil para diferenciá-la de outras.

- COM QUE VARIÁVEIS A ATIVIDADE DE RELAÇÕES PÚBLICAS INTERVÉM NO PROCESSO?

Bases de poder

O próximo campo do *design* se refere às duas bases de poder ou variáveis intervenientes, por intermédio das quais o poder é exercido no sistema: *a ação e a comunicação* ou, se quisermos, pela ação e pelo discurso. A influenciação é realizada, além de momentaneamente, por processos de comunicação e pela prática de políticas administrativas. Antes de tudo, uma decisão e a ação que se segue precisam ser *legais – quem decide está autorizado a fazê-lo*. Normalmente, a organização é legal. O governo lhe deu alvará e, portanto, ela pode decidir na esfera daquilo que disse a que veio.

Ocorre, porém, que toda decisão é uma decisão de risco. Pode agradar a "gregos", mas não a "troianos". Considerando que não é suficiente ter autoridade, pois ela pode desfuncionalizar-se no autoritarismo, é necessário acoplar outra forma. Desta feita, a ação é *legítima*

quando as *decisões se enquadram sob aspectos do bem comum.*
Visam aos interesses legítimos de ambas as partes. Estas duas bases
se vinculam aos aspectos legal e ético da interação.

Existe, todavia, uma terceira base: *a coercitiva,* quando *a ação
de uma das partes é pressionada por um estímulo agradável, a recompensa,* ou por *estímulos desagradáveis, a punição.* Nesta base
situa-se o que, em linguagem do senso comum, se costuma chamar de
o poder econômico. A utilização de ações coercitivas implica limites
tênues com os problemas éticos.

Contudo, estar legalmente constituído, agir de forma legítima e
dar compensações não significa aceitação pacífica da decisão por
parte do outro parceiro, pois na maioria das vezes as ações de um dos
autores nem sequer são percebidas pelo outro, por causa das condições de alienação. Quando percebidas, muitas vezes são interpretadas
de maneira errônea, principalmente quando o receptor anseia pelo
imediatismo dos resultados. Por esta razão, utiliza-se o outro meio de
influenciação – a *comunicação.*

Abandonando-se os vários outros significados (Dance, 1973),
entenda-se por comunicação *um processo de troca de informações,
chegando à resultante: compreensão mútua.* A utilização do termo
comunicação com este sentido aproxima-se do significado ou contém
o significado de *negociação,* de *intercâmbio de propostas na busca
de um resultado em que ambas as partes se beneficiam,* designado
por negociação ganha-ganha. Contudo, o processo de influenciação
não se restringe a essa ótica da bilateralidade do processo. Pode ser
realizado de maneira unilateral, somente de uma parte para a outra. O
significado de comunicação, nesta ótica, pode tomar outras designações, como as de:

1. *informar* – reduzir a incerteza da outra parte;
2. *informar-se* – buscar dados e deles extrair a informação, reduzindo sua incerteza;
3. *comunicar* – dar ordens;
4. *persuadir* – argumentar e justificar seus pontos de vista, por
   meio de razões lógicas e éticas, visando à troca da decisão do
   parceiro do sistema. Há que distinguir persuasão da manipulação. Esta última ocorre quando o dizer contém mentiras ou
   verdades parciais, levando as pessoas a certos procedimentos
   que, caso soubessem a versão completa ou correta, não te-
   riam sido escolhidos.

- ### QUAL O ELEMENTO COMUM ÀS BASES DE PODER QUE ORGANIZAM O PROCESSO?

Matéria-prima

As bases de poder, em si, não provocam, diretamente, a manutenção ou modificação das atitudes, da imagem, da credibilidade e, conseqüentemente, da conduta. O elemento ativador e organizador do processo é a *informação*, ou seja, *a qualidade dos dados, com significado e utilidade para as partes, com a verdade e reduzindo a incerteza em face da necessidade de resposta a uma pergunta*. A informação é a matéria-prima que produz "a reação química" no sistema, levando à ação cooperativa entre as partes. Ela evita a entropia e organiza a relação. Considerando que quem tem a incerteza depende de outros para tomar uma decisão, certamente adequada aos seus interesses, conclui-se que quem tem a informação tem o poder sobre uma decisão ou de influenciar a decisão do outro. Mais uma vez, pode-se ver a relação política em jogo e o vínculo entre poder, comunicação, informação e conhecimento.

- ### DE QUE MANEIRA SÃO ENVIADAS AS MENSAGENS?

Técnicas midiáticas

Prosseguindo na análise do esquema, atinge-se o nível do conceito *técnicas midiáticas*, canais do processo de comunicação, que transportam as mensagens, com ou sem a informação. Por coerência com as idéias dos significados do termo comunicação e do fluxo das mensagens, classifico as técnicas em: *de entrada*, que trazem mensagens; *de saída,* que levam mensagens e *mistas,* quer dizer, bidirecionais, que trazem e levam mensagens. Apesar de a utilização das técnicas centralizar-se no uso de poucas, com destaque para a mídia, a quantidade delas é infinita e cabe ao profissional de Relações Públicas ser criativo e inventar outras, quando a situação assim o exigir.

- ### QUE FATORES JUSTIFICAM A EXISTÊNCIA DA ATIVIDADE DE RELAÇÕES PÚBLICAS?

Ética e estética

Por último, sem significar ordem de importância, tem-se as bases filosóficas. Elas respondem pela justificativa da existência da atividade no seio da sociedade. *A ética* sustenta-se *na busca da legitimidade da ação organizacional* e, no que diz respeito ao discurso do profissional, na informação para os públicos e na sua liberdade de decisão.

Quanto à *estética*, a definição operacional da atividade de Relações Públicas desde há muito prescreve que, antes de justificar ou explicar as ações organizacionais, deve-se "arrumar a casa", pondo em prática políticas organizacionais justas. Para isto, *busca adequar-se ao princípio de ações pensadas, bem projetadas e bem executadas.* O processo de qualidade dos programas de ações organizacionais tem suporte na assessoria que é dada às lideranças organizacionais.

A atividade de Relações Públicas, em seu sentido abstrato, é ética e estética, pois visa a uma sociedade mais harmônica. Os problemas éticos e estéticos surgem em razão de a ação humana ser imperfeita, quer seja a da direção da organização, quer seja a do profissional de Relações Públicas, à semelhança de qualquer outra profissão, legalizada pela sociedade.

Somente como fenômeno ético e estético pode-se justificar a existência da atividade de Relações Públicas.

·5·

As disciplinas Relações Públicas e Micropolítica: aproximações e distanciamentos

- ## O OUTRO QUADRO DE REFERÊNCIA

O quadro de referência para a teoria e prática da atividade de Relações Públicas situa-se na esfera da Ciência Política (veja quadro à página 77), podendo prover caminhos alternativos para perceber, interpretar e explicar os fenômenos no sistema organização-públicos. Para tanto, defende a tese de que:

> A atividade profissional de Relações Públicas é a gestão da função organizacional política a fim de obter a cooperação dos públicos, para a consecução da missão organizacional.

Reforça o princípio, há muito estabelecido, porém pouco concretizado na comunidade de Relações Públicas, de que, na prática, a ação profissional se operacionaliza por meio de quatro funções:

1. diagnosticar o processo de relação de trocas de interesses político-econômicos no sistema organização-públicos, inserto no contexto da sociedade maior em que o sistema se encontra;
2. prognosticar, a curto, médio e longo prazos, a resultante do entrechoque da ação organizacional ante as expectativas dos públicos no âmbito da evolução da conjuntura;
3. assessorar os líderes organizacionais, em especial o líder máximo, prevenindo-os das possíveis ocorrências de conflito e

crises e suas causas, apresentando sugestões quanto aos programas de ação[1] da organização a serem executados a fim de evitar e/ou resolver os impasses;

4. implementar programas planejados e específicos de comunicação com os vários públicos, que venham a explicar, justificar, persuadir ou negociar decisões organizacionais.

A consecução dos objetivos organizacionais, segundo os aspectos éticos e estéticos da atividade, somente poderão ser atingidos se a organização, em sua ação e em seu discurso, atuar em base de poder legítima. Essas premissas, a partir das quais será efetuado o processo de dedução, implicam de maneira direta e imediata que:

a) os objetos materiais da atividade são a organização e seus agentes com influência, designados, até agora, por públicos;

b) os objetos formais são o conflito iminente e a crise provável (ou, dialeticamente, a cooperação) nas relações de interesses no sistema organização-públicos.

- A JUSTIFICATIVA

Justificar essa hipótese, utilizando-se argumentação hipotético-dedutiva, apesar de trabalhosa, é viável, em face das teorias relatadas por vários cientistas na bibliografia das Ciências Sociais. Nessa documentação se encontram referidos, sob outras designações, muitíssimos conhecimentos científicos sobre Relações Públicas, mais do que no exíguo montante de obras específicas do assunto. As dificuldades para justificá-la se situam no bloqueio mental, existente na comunidade de Relações Públicas, condicionado pelo paradigma da *comunicação*. Sem dúvida, Relações Públicas, também, implica comunicação. Pode ser entendida e explicada por meio de teorias de comunicação. Contudo, outro quadro de referência, para aportar com maior *clareza* a explicação e as causas do fenômeno de seu domínio, encontra-se na Ciência Política, mais precisamente na Micropolítica.

---

1. O termo *programa de ação*, sinônimo de *política administrativa* ou, simplesmente, *política* é utilizado, algumas vezes, neste texto, a fim de evitar confusões e repetições com o de *política (ciência)*. Este problema não ocorre na língua inglesa em cujo vocabulário *policy* significa política administrativa e *politics*, política (ciência).

A ruptura do paradigma comunicacional foi tentada com a apresentação das primeiras idéias sobre *a gestão da função organizacional política* (Simões, 1995). Esta teoria posiciona a comunicação como meio, a informação como matéria-prima e relaciona diversos instrumentos para o exercício do poder. Nela, a relação de poder é a essência e a comunicação é a aparência. Esta primeira tentativa caracterizou-se pela apresentação dos conceitos básicos. Este capítulo tenta aprofundar aquela visão.

Outro problema para situar a atividade de Relações Públicas nos fundamentos científicos da Ciência Política são as conotações que o termo política possui. Política, para o homem comum – a maioria dos empresários e governantes o é – e mesmo para muitos acadêmicos e alunos universitários, refere-se, exclusivamente, à esfera da política partidária. A constatação deste fenômeno é fácil. Se experimentarmos dizer que Relações Públicas se refere à função política, certamente, serão levantadas questões como: Que tem Relações Públicas a ver com os políticos? Como é Relações Públicas para os partidos?

Todavia, não é somente o leigo que não discrimina o conceito. Os cientistas sociais, inclusive os "politólogos", entendem política como o governo da *polis*. Nesta posição, focalizam a perspectiva macro desta ciência e práxis. Para a maioria, de modo geral, política refere-se ao "governo do Estado".

Burns (1961) relata que ninguém, nas organizações, se percebe como ser político ou atuando politicamente. Isto acontece em razão da existência de duas variáveis: o viés da *polis* e a conotação pejorativa de "politicagem" que o termo possui, posicionando as pessoas como carreiristas. Este fenômeno não sucede, em muitas outras culturas, prejudicando a compreensão do que se escreve e fala sobre este tema. Por vezes, surge outro elemento deletério, relacionado ao termo: trata-se de antigo refrão, introduzido não se sabe por quem, que diz: "Política, futebol e religião não se discutem". Estes aspectos condicionam as pessoas, pois, freqüentemente, escuta-se alguém dizer, nos mais diferentes cenários: "Eu não sou político!", excusando-se de pertencer ao grupo dos "políticos", ou melhor, dos "politiqueiros" sem perceber que as pessoas sempre estão em relação política com seus semelhantes, quaisquer que sejam as situações.

A superação desse obstáculo pode ser objetivada quando o significado de política e seu liame com o exercício do poder é entendido. Para isto, deve-se abandonar a tradicional definição de política como a ciência do Estado e perscrutar a moderna concepção encontrada em Crick e Crick (1987, p. 1): *"Política é o estudo dos conflitos de interesses e valores que afetam a toda e qualquer sociedade e a maneira de como eles podem ser conciliados"*. Deduz-se desta definição que a política se compõe de uma teoria (o estudo) e uma prática (a maneira). A teoria explica o processo. A prática, implicando os programas, interfere no processo. A presença do conflito leva o raciocínio a equacionar a existência do processo decisório e, daí, à relação de poder. O estudo do sistema político arrola a tomada de decisão, o responsável pela decisão e o sujeito das suas conseqüências. Petersen relata *"a noção de ciência política como a 'ciência do poder'"* (1988, p. 7). Corsetti, mais enfático, assinala que: *"A ciência política tem sido o campo fundamental do estudo do poder"* (1988, p. 31).

Assim é que, como teoria, a política busca compreender os processos de exercício de poder em sociedade, qualquer que seja sua extensão. Como prática, busca interferir no processo, no qual aparece a relação de poder, a fim de organizar o sistema social.

Soma-se a esta problemática o fato de os cientistas políticos, apesar de inúmeras pesquisas, não terem chegado ao consenso quanto à definição e à natureza do exercício do poder. Podem-se citar Festinger (1957), Cartwright (1959), French e Raven (1965), Varela (1971), Weber (1978), Wrong (1979), Bacharach e Lawler (1980), Luhmann (1980), Foucault (1980), Mc Carney (1980), Barry (1981), Bobbio (1986), Raven (1975 e 1983), Galbraith (1984), Lukes (1985 e 1986), Burbules (1986), Therborn (1988). Cada um apresenta sua teoria, posiciona-se em premissa específica e gera tipologia diferente daquelas dos seus colegas.

Percebem-se, nitidamente, três correntes neste campo. Num extremo, a tradicional, para a qual o poder é algo existente independentemente da relação entre os atores. A intermediária, para a qual é necessário o contexto da interação. Na outra ponta, a da transação, que posiciona a relação de poder no processo interativo, envolvendo recursos escassos. Esta última escola parte do princípio de que, se os recursos não fossem escassos, o ser humano não precisaria se submeter, não necessitaria de proteção. Dialeticamente, não buscaria o poder. Esta comunidade considera o poder não factual, mas resultante da prática social. O poder é algo que se exerce nas relações humanas.

- ## Uma premissa: a organização e sua dimensão política

Deduz-se das definições assemelhadas de Parsons (1969), de Krech, Cruchfield e Ballachey (1969) e de Katz e Kahn (1979), que a organização é constituída por pessoas, ou seja, por indivíduos em seus papéis, estruturados em grupos, formando sistemas de ações, mais ou menos concatenados, a fim de atingir objetivos. Sistemas de comunicação, informação, valores e processo decisório fazem parte de sua natureza. Ocorre que, normalmente, os objetivos dos indivíduos (João, Maria, Pedro) são diferentes dos papéis (presidente, tesoureiro, porteiro) e dos grupos (Contabilidade, Vendas, Produção). Cada um destes elementos busca atingir objetivos que satisfaçam suas necessidades. Assim, a organização apresenta em seu âmago a possibilidade de conflitos no interior de suas fronteiras.

A organização, como entidade factual, não existe. A organização explicita-se por meio de estruturas e sistemas. Compreende o *organograma* – o elemento estático, que caracteriza o *status* de cada cargo e, implícito, o plano de carreira – e o *fluxograma* – o processo das ações concatenadas de cada um dos papéis. O primeiro caracteriza a hierarquia. O segundo operacionaliza o exercício de poder. Ambos especificam a relação de poder entre os papéis. Para Blumer (1971, p. 20): "*A essência da organização reside num processo de ação em marcha, não numa estrutura postulada de relações*". A organização significa um sistema social cuja forma de governo (poder) pode estar centrada numa pessoa, numa diretoria, num partido, na burocracia ou, ainda, numa família.

Ao exercício da argumentação se deparam obstáculos quando busca entender e explicar quais sejam os objetivos da organização, que o sistema de papéis deve atingir, pois três termos – missão, objetivos e metas – fazem parte deste contexto. Os três constructos não são sinônimos. Por missão aceita-se a definição de Mintzberg (1992, p. 6): "*A função básica da organização na sociedade, em termos dos bens e serviços que oferece a seus clientes*", por objetivo, "*a intenção existente por detrás de cada decisão*" e, por meta, um resultado quantificável no tempo. Publicam-se esplendorosos manuais e planos organizacionais com a missão e os objetivos da organização, com o intuito exclusivo de torná-los públicos, enquanto, na realidade, perseguem-se outros fins, em face da dinâmica do confronto de interesses de cada estrato da organização e, até mesmo, de públicos externos.

Quanto a isto, Silverman (1971, p. 9) argumenta que: *"Parece duvidosa a legitimidade de conceber uma organização como em busca de uma meta, exceto quando há um consenso entre os membros da mesma sobre os propósitos de sua interação"*. As empresas e outras instituições se caracterizam pela ausência de consenso.

A missão e os objetivos, mesmo que nitidamente definidos, não levam à inevitabilidade do êxito organizacional. À consecução da missão deparam-se inúmeras alternativas de caminhos a percorrer que, por sua vez, dependem da consonância com a conjuntura futura. Ao contrário, a inexistência ou o desconhecimento da missão e dos objetivos, indubitavelmente, empurram a organização para o insucesso.

Logo, considerando a falta de consenso e desconhecimento quanto à missão, os vários caminhos para seu cumprimento, os inúmeros interesses existentes do sistema de papéis e dos indivíduos, a organização caracteriza-se em espaço político. A dinâmica organizacional expressa-se em antagonismos de forças, em que os atores buscam decidir e influenciar a decisão dos outros para que seus interesses estribados em suas necessidades sejam satisfeitos.

A percepção das organizações como entidades políticas é caso antigo. Cientistas políticos, entre eles, Weber (1947), Merriam (1950), Leoni (1957), Burns (1961), March (1962), Cyert e March (1963), Kaufman (1964), Lawrence e Lorsch (1967), Harvey e Mills (1970), Zaleznik (1970), March e Simon (1972), Wamsley e Mayer (1973), Pettigrew (1973), Georgiou (1973), Patchen (1974), Pfeffer (1973 e 1981), Pfeffer e Salancik (1974) e Mintzberg (1992) não tiveram dúvidas em considerar os processos organizacionais um dos tipos de sistemas políticos.

Em destaque, nesta afirmativa, encontra-se Burns (1961): expressando que desde Weber já se utiliza a terminologia da ciência política como autoridade, legitimidade, dominação, subordinação no âmbito das organizações. Além de Burns, se destaca também Georgiou (1973, p. 291) esclarecendo, melhor, o quadro de referência política das organizações:

> As organizações são, efetivamente, um âmbito de atividade política, sem que possuam objetivos por elas mesmas. Existem focos arbitrários de interesses e mercados, cujas estruturas e processos são o resultado de complexas acomodações realizadas por agentes sujeitos a uma variedade de incentivos e perseguindo uma diversidade de objetivos.

Outro participante dos que sustentam serem as organizações de âmbito político é Trindade (1974, p. 10) com seu ponto de vista analítico:

> Toda organização, seja ela qual for, além dos seus objetivos específicos (econômicos, culturais, religiosos, políticos) é um subsistema social no interior da sociedade global. Enquanto subsistema social possui, em seu interior (eu diria, também em seu exterior), relações sociais estáveis (interação entre indivíduos e grupos) é também um tipo particular de relação social que se denomina relação política. As relações políticas, portanto, não são de outra natureza que a das relações sociais. Nesta perspectiva, as relações políticas não designam um novo tipo de relação, mas aspectos específicos das relações sociais. Existem relações políticas e sistemas políticos na medida em que existirem: luta pelo poder, tomada de decisão e processo de escolha.

Essas citações, testemunhando conclusões científicas de vários membros da comunidade do estudo da organização, permitem sintetizar que a organização deve ser enfocada e compreendida como sistema político. Um território com inúmeros autores em que as relações entre os papéis, os indivíduos e os grupos se encontram em processo de influência, visando recursos escassos.

Esses atores, designados por públicos, têm sido classificados, segundo o critério geográfico, em internos, mistos e externos. No entanto, Matrat (*apud* Simões, 1995), com a visão da relação de poder no sistema organização-públicos, classifica-os conforme o tipo de exercício de poder em públicos com poder de consulta, de decisão, de comportamento e de opinião. Contudo, a adoção de um item contido na teoria de Mintzberg (1992, pp. 23-34) melhor caracteriza a dimensão política existente no sistema organização-públicos. Este cientista da organização propõe o termo *"agente com influência"* e o define como *"pessoas, conjunto de pessoas, grupos e inclusive outras organizações... que buscam o controle das decisões e ações que toma a empresa"*.

Além disso, classifica-os em internos – proprietário, presidente, diretores, chefias, pessoal da atividade-fim, pessoal da atividade-meio, analistas da estrutura técnica – e em externos: acionistas, fornecedores, clientes, sócios, concorrência, sindicatos, mídia, associações de profissionais, familiares, amigos, líderes de opinião, órgãos governamentais, instituições financeiras, instituições locais e comunidade.

Sua obra, apesar de não ter sido escrita sobre Relações Públicas, é um manual de Relações Públicas.

Prosseguindo com a teoria de Mintzberg, tem-se que esses agentes podem optar por três posições: *calar e obedecer às decisões tomadas* (ex.: o funcionário que cumpre as ordens sem dar qualquer tipo de sugestão), *sair do jogo* (ex.: o cliente insatisfeito que deixa de comprar e desaparece) e *lutar antes de se render,* também designado por *Voz* (ex.: todos aqueles que tentam interferir, de uma maneira ou outra, nas decisões organizacionais). A estes, e somente a estes, é que Mintzberg designa por públicos. Particularmente, penso que alguém que não expressa sua correta opinião ou "sai do jogo" também está influenciando a trajetória da organização.

A visão das organizações como âmbito político, quer seja no seu interior, quer além de suas fronteiras, encaminha o raciocínio para vislumbrar a necessidade de administrar esse fenômeno e seus problemas. A gestão desta função é tarefa da atividade profissional de Relações Públicas.

- A REDUÇÃO DA ANGULAR: DA MACROPOLÍTICA À MICROPOLÍTICA

Deduz-se, analisando-se diversos autores que tratam do tema, que a Micropolítica – uma subdivisão da Teoria Política – possui, pelo menos, cinco significados, que não se opõem, mas se complementam. Um deles desvela-se por meio do paralelismo com os conceitos Macroeconomia e Microeconomia. Se a comunidade das Ciências Sociais, em especial da Economia (cujo outro lado da moeda é a Política), concorda com esta dicotomia de sua área do conhecimento, então a comunidade da Ciência Política também há de convir que a Ciência Política possa ser subdividida em dois grandes ramos: a Macropolítica e a Micropolítica. A Macropolítica trata com grandes agregados e estatísticas, em que se situam os governos. A Micropolítica, por sua vez, trata da relação do poder em espaços mais restritos como nas organizações, nas famílias e nos grupos.

A segunda ótica – a dos espaços restritos – encontra-se na esfera da Educação, encabeçada por Iannacone (1975 e 1991) que, conforme relatam Marshall e Scribner (1991), cunhou o termo *micropolítica da educação*, ao final da década de 1960. Este designativo se refere ao estudo e à prática da relação de poder dentro e ao entorno das escolas, dos grupos e das famílias. Inúmeros outros autores participam com Iannacone, seguindo-o e relatando várias pesquisas, sedimentando esta área de estudo. Entre eles: Burns (1961), Kessel (1970), Pfeffer (1973), Hoyle (1982 e 1985) Greenstein e Polsby (1975), Blecher e White (1979), Burbules (1986), Ball (1987), Pirie (1988), Burlingame (1988), Marshall e Scribner (1991), Willover (1991), Everhart (1991), Blase (1991), Ball e Bowe (1991), Cobertt (1991), Marshall (1991), Greenfield (1991), Bloome e Willett (1991), Lazega (1992).

Ball (1987), além de utilizar o termo micropolítica, inclui, em sua obra, um título e espaço para Relações Públicas das Escolas, total e diretamente correlacionados com o objeto de estudo de sua pesquisa participante. Toda pessoa que tiver noções teóricas e *know-how* sobre a atividade de Relações Públicas, ao terminar a leitura da obra, dirá, com certeza, que todo seu conteúdo (e não somente seu capítulo específico) tem tudo a ver com a teoria e a prática da atividade de Relações Públicas no setor escolar.

A terceira visão sobre Micropolítica encontra-se em Pirie (1988, p. 127) que, além de aceitar o paralelismo com a microeconomia – *"A sugestão é que há uma 'micropolítica' assim como há uma microeconomia"* –, enquadra Micropolítica, também, na dimensão do Estado e de grandes organizações, mas o faz com abordagem diferente da Macropolítica. Pirie propõe a análise e o tratamento dos problemas políticos por meio da especificação dos diversos grupos de interesses, jamais por ação global, envolvendo todos os participantes, indistintamente. Considera esta estratégia mais adequada do que a proposta da Macropolítica para administrar a relação de poder entre as partes envolvidas. Ora, tratar com os públicos de forma separada é exatamente o que propõe a teoria de Relações Públicas e cujos resultados positivos se comprovam na prática.

Esta angular desconsidera o tamanho dos espaços em que o fenômeno se apresenta. Propõe que a relação de poder seja segmentada de acordo com os diversos grupos de interesses com os quais os governos ou as organizações se relacionam. Outro princípio desta angular é o de que as minorias podem ser mais prontamente beneficiadas do que a maioria. Deve-se afirmar que Pirie não se encontra isolado em sua assertiva. Acompanha-o, por exemplo, Sorauf (1967) dizendo que a ciência política possui a visão micro (análise do comportamento político individual e de pequenos grupos) e a visão macro (análise da totalidade do sistema político enfocando as relações interinstitucionais nacionais e internacionais).

O quarto enfoque, sem caracterizar ordem cronológica ou relevância teórica, encontra-se em Foucault (1971 e 1980, 1987 e 1987a) para quem o Estado não é o órgão central e único de poder. Ele analisa o exercício do poder desde um deslocamento dos grandes espaços para os pequenos espaços e do nível do Estado para as organizações, grupos e pessoas. Esse movimento ele o intitula do macro para o micronível e, também, do centro para a periferia do exercício do poder.

O quinto e último enfoque, por meio do qual se descortina o significado de Micropolítica, encontra-se em Lakoff (1990, pp. 21-3). Esta autora, da área de Lingüística, para quem todo o discurso implica relação de poder e, portanto, ação política, expressa-se da seguinte maneira: *"Pode-se denominar um tipo de discurso, orientado para o poder, de micropolítico e o outro de macropolítico"*. Lakoff, prosseguindo em suas assertivas sobre esta classificação, estabelece os espaços de cada um dos constructos. Diz que o discurso macropolítico indica o relacionamento de poder entre nações, religiões, raças e instituições. Enquanto o discurso micropolítico refere-se a grupos e pessoas.

Finalmente, pode-se concluir este tópico com Willower (1991), para quem Micropolítica ocupa-se de fenômenos tais como influência, controle e poder entre indivíduos, grupos e organizações. Essas citações sobre Macropolítica e Micropolítica, apesar de enfoques diferentes, permitem deduzir que, de fato, se pode compreender a existência de prática do exercício do poder, logo, da política, entre pessoas, grupos e organizações, na tentativa de organizar esses tipos de sociedade.

- RELAÇÕES PÚBLICAS E MICROPOLÍTICA: PROCESSOS E PROGRAMAS

Cabe, agora, comparar as esferas das disciplinas Relações Públicas e Micropolítica e verificar se são, total ou parcialmente, sobrepostas e se ambas possuem e se expressam por meio de processos e programas bastante semelhantes, senão comuns.

Entenda-se por processo a dinâmica do fenômeno, constando de todas as variáveis que levam a determinado resultado. Enquanto, por programas, se consideram as ações, com variáveis intervenientes colocadas, consciente e intencionalmente, pelo profissional, na busca do controle do fenômeno, para definir objetivos bem determinados.

Conhecer o processo exige a análise. Implantar programas implica optar por abordagens e técnicas.

A arqueologia, na busca dos princípios básicos das Relações Públicas, evidencia a proposição de que Relações Públicas é, antes de tudo, conforme dizia, na década de 1960, Canfield (1961, p. 5): *"Uma filosofia da administração, uma atitude de espírito, que situa os interesses das pessoas acima de todos os assuntos ligados à direção de indústrias ou organizações de serviço"*. A organização, para possuir bom relacionamento público, deve conter em seu âmago o egoísmo esclarecido, levando em conta, antes de tudo, os interesses dos seus públicos. Se assim o fizer, terá excelente retorno para seus objetivos e suas metas. Este princípio é encontrado, parcialmente, no *slogan* tradicional: "O cliente tem sempre razão". Este princípio não deve ser levado ao exagero, pois, se assim o for, conduzirá a organização ao fracasso. Há que se considerar os interesses das partes, analisá-los e buscar o equilíbrio. Coaduna-se com esta idéia a afirmação de Pirie (1988, p. 129): *"Ela* (Micropolítica) *reconhece a reinvindicação dos grupos, porém, sem conceder, por conceder, busca edificar políticas que ofereçam algo em troca pelas perdas que os grupos sofreram"*. Susskind e Field (1997) propõem, em toda sua obra, que isto deva ser realizado por meio de negociações. A coincidência é cristalina.

A continuação deste estudo comparativo requer o retorno à definição operacional da atividade de Relações Públicas anteriormente descrita. Dela se deduz que as duas primeiras operações – diagnosticar e prognosticar – dizem respeito à análise do processo que ocorre no sistema organização-públicos. A terceira se refere à colocação em prática de programas de ação organizacionais. À quarta e última cabem o planejamento e a implementação do discurso da organização, por meio de técnicas de informação e comunicação.

Compare-se esta definição com o que diz Pirie (1988, pp. 130 e 282), após a integração de suas idéias naquelas páginas citadas:

1. identificar os grupos de interesses;
2. analisar, em detalhe, o *status quo* das vantagens e dos benefícios usufruídos pelos grupos;
3. colocar em evidência o que eles percebem ser suas vantagens;
4. destacar o sistema de poder e pressões que eles serão capazes de desenvolver para defendê-los;

5. elaborar políticas que oferecerão trocas de benefícios, alterarão a estrutura de poder a fim de obter a cooperação deles;
6. assessorar os líderes organizacionais na implantação dessas políticas;
7. prevenir os líderes da possibilidade de alguns perigos que poderão advir da implantação, sugerindo meios para evitá-los.

Alguns membros iniciados na comunidade de Relações Públicas poderão ficar pasmos e dizer que a atividade que exercem não propõe políticas com esta finalidade. Alguns outros, talvez, não tenham tido esta experiência, mas isto não significa que a atividade se exima de dar pareceres para que o centro de poder organizacional implante programas de ação que venham a provocar estes resultados. Aliás, este é o motivo pelo qual o profissional de Relações Públicas deve estar vinculado, diretamente, ao diretivo máximo da organização.

Mesmo porque, considerando-se ainda Pirie (1988, p. 226), "[...] *será mais fácil mudar atitudes após as políticas terem sido modificadas, do que antes. É muito mais provável que as pessoas percebam os benefícios práticos quando eles estão presentes do que quando não estão"*. Assim atuando, antes a ação e depois o discurso, é bem mais provável que as relações entre a organização e seus públicos ficarão em melhor nível.

Pode-se inferir, comparando-se os dois programas de intervenção, o de Relações Públicas e o de Micropolítica, que o antigo clichê de Relações Públicas, sintetizado na fórmula: *90% R (realização) e 10% P (promoção)*, ou seja, *fazer o melhor possível e depois informar* ou, ainda, *em primeiro lugar, arrumar a casa e, depois, divulgar,* possui bases concretas na teoria da Micropolítica.

Se assim não o fosse, como se sustentaria a existência do papel do profissional de Relações Públicas em auscultar para assessorar a fim de aperfeiçoar a organização e, somente após, justificar ou informar ao reclamante? De que outra maneira se justificaria o dito de que em Relações Públicas *"a reclamação é um limão do qual se pode fazer a melhor limonada"*, ou seja, suportar a crítica e transformá-la em oportunidade?

A análise comparativa das óticas sobre o conceito de Micropolítica permite extrair algumas conclusões. Uma utiliza como critérios para defini-lo a analogia com microeconomia e o espaço político. Outra se vale, também, do critério de paralelismo com a economia, mas, além disso, fragmenta a angular posta na comunidade global e orienta os diversos focos resultantes sobre os inúmeros segmentos que compõem a sociedade maior.

O programa da Micropolítica, além de tratar da relação de poder entre dois ou mais elementos, analisa e interfere na relação, de maneira específica, com cada grupo de interesse; jamais atua, globalmente, tomando decisões que afetem todos ao mesmo tempo. Vai ao encontro do princípio de que os interesses de cada grupo, normalmente, são opostos a um ou mais interesses dos outros grupos envolvidos com a organização. Tem-se, mais uma vez, outra asserção de Pirie (1988, p. 210): *"A micropolítica reconhece o mérito de segmentar essas classes em frações menores, a fim de lidar com elas separadamente"*. Este princípio, quando se aplicam as técnicas, deve ser levado em total consideração. As técnicas com as quais o programa da Micropolítica trabalha, em determinada área, não podem simplesmente ser aplicadas a outra, sem antes examinar as diferenças entre ambas.

Ora, esta afirmação coaduna-se com a definição operacional de Relações Públicas, pois a tecnologia da atividade propõe: diagnosticar e prognosticar a relação entre a organização e seus públicos, enfocando-os separadamente e verificando seus interesses e suas expectativas referentes à trajetória da organização. Permanece-se, até aqui, no interior da fronteira da análise do processo. A operação subseqüente é a intervenção na relação da organização com seus públicos por meio de políticas integradoras e específicas aos interesses particulares de cada público. As políticas são implantadas pelo centro de poder organizacional, levando em consideração os pareceres do profissional de Relações Públicas, entre outros.

Outro princípio da Micropolítica é o de que um ator somente pode optar por alternativas mais atrativas se tiver algo para dar em troca. Caso isto não suceda, a relação se caracteriza por exacerbada assimetria e pela frustração do ator em questão. Este princípio ajuda a compreender e explicar fenômenos de Relações Públicas em situações de governos totalitários e de monopólio quando um dos atores não possui nenhum recurso, ou quase nenhum, para oferecer em troca ou para pressionar aquele que está senhor da situação.

Nesses casos, o conflito, caracterizado como impasse, permanece reprimido, esperando para eclodir. As organizações, não sendo impelidas a trocar, restringem-se ao discurso manipulador. Enquanto isto não acontece, o mercado de trabalho para os profissionais de Relações Públicas é mínimo, inexistente ou desfuncionalizado. Este enfoque estabelece critérios para discriminar o significado de dois termos existentes na área: *Opinião pública* e *Opinião dos públicos*. Em acréscimo, apóia a classificação de públicos que, além da abordagem geográfica – internos, mistos e externos –, os enquadra numa tipologia com base no poder, condizente com a teoria de agentes com influência de Mintzberg (1992).

Ademais, este enfoque vem confirmar que nos pareceres dados pelo profissional de Relações Públicas aos líderes da organização sobre a implementação de programas de ação devem ser propostas soluções particulares a cada público. A proposta de programas de ação para atender às reivindicações de maneira global, afetando todos os públicos, somente deverá ser levada em consideração e implementada em casos excepcionais. Decorre daí a dificuldade de editar informativos que contenham mensagens adequadas, ao mesmo tempo, a todos os públicos. As bases da estratégia da Micropolítica estão em lidar com os grupos de interesses, reestruturando as circunstâncias de tal maneira que se torne vantajoso para os grupos optar pelo curso submetido à apreciação pelos elaboradores das políticas.

Esse princípio, transladado para a esfera das Relações Públicas, ajuda a identificar a necessidade da modificação das políticas organizacionais a fim de integrarem seus interesses com os de seus públicos. Permanecer somente no discurso, para explicar, justificar, prometer, não resolve o problema de Relações Públicas. Etzioni (1978, p.72) já afirmava que: *"As diferenças de interesse econômico e de posição de poder não se desfazem pela comunicação"*.

Em virtude desses princípios, este artigo propõe a apropriação e a utilização da dimensão política e da Micropolítica na teoria e na prática da atividade de Relações Públicas. Ambas estão bem explícitas no processo do sistema organização-públicos, tanto na esfera interna da organização, como na externa. Justifico mais uma vez esta proposta apresentando a seguir, num quadro sintético, a comparação entre as disciplinas Relações Públicas e Micropolítica.

Se as disciplinas Micropolítica e Relações Públicas possuem os mesmos objetos, objetivos e princípios, então Micropolítica explica os fenômenos do processo e do programa de Relações Públicas ou, de fato, Micropolítica e Relações Públicas são equivalentes. Esta conclusão sustenta-se em Popper (1992, p.64) *"Duas teorias, T1 e T2, devem ser consideradas como uma única, se são logicamente equivalentes, ainda que possam usar dois 'sistemas conceituais' totalmente distintos (C1 e C2) e estejam concebidas em 'marcos conceituais totalmente diferentes'"*.

Quadro 7. Comparativo dos processos e programas de RP e Micropolítica

Micropolítica	*Relações Públicas*
Processo	
Espaços estreitos	– Idem
Organização, família e grupos psicológicos	– organização-públicos
A maioria das decisões não são consensuais	– Idem
Os conflitos de interesses são iminentes	– Idem
A informação é utilizada para decisões eficazes	– Idem
Os conflitos dificilmente são resolvidos por "batalhas de idéias"	– Idem
Programa	
Análise do *status quo* dos grupos	– Diagnóstico da relação – organização-públicos
Prognóstico da situação	– Idem
Construção de programa de ação	– Idem
Negociação com as partes	– Idem
"Batalhas de idéias"	– Implementação de projetos de comunicação.

- E A COMUNICAÇÃO, COMO FICA?

Os limites entre os significados de comunicação e de exercício de poder são tênues, por vezes até se confundem. As causas desta ambiguidade, possivelmente, têm suas origens no diversificado uso do termo comunicação na linguagem do senso comum e no fato de a comunidade científica não ter chegado a um acordo quanto à definição do conceito. Faz-se a sociologia da comunicação. Discorre-se sobre as implicações do conceito na sociedade e na cultura, sem defini-lo e caracterizar sua natureza, quando se deveria fazer a ciência particular da comunicação, caracterizando seu objeto, sua natureza e seus princípios.

A utilização do conceito comunicação é feita, por vezes, num mesmo texto, com significados diferentes, tanto na linguagem do senso comum, o que é algo justificável, como também na linguagem científica, que merece, pelo menos, análise crítica, para não dizer que é imperdoável. Por vezes, é sinônimo de *informar*, por exemplo: "O Instituto de Meteorologia comunicou que amanhã choverá". Assim sendo, cada um utilizará proteção contra a chuva se desejar e puder. O exercício de poder é do estilo *laissez-faire*. Em outro exemplo, tal como "Comuniquem aos funcionários para chegarem mais cedo amanhã", o termo contém a perspectiva de *ordenar*, caracterizando um tipo de relação de poder autocrático. Outro significado é o de *persuadir*, como exemplo: "Esta peça publicitária comunica bem, pois está levando os clientes às compras". Outras tantas vezes, corresponde também ao sentido de *dialogar*, de ação comum, encontrado na teoria de ação comunicativa de Habermas (1987), na teoria existencialista de comunicação, no conceito de conduta comunicativa de Maturana (1984), no sentido de processo e resultante, como propõem Katz e Kahn (1979), e, ainda, na linha do interacionismo simbólico, de Blumer (1969). A relação democrática encontraria, neste modelo, sua força máxima de expressão, sendo a prática da negociação ganha-ganha o melhor exemplo.

Dance (1970), em relatório de pesquisa, informa ter encontrado 95 exemplos de definições do termo comunicação, reduzindo-os a 15 categorias, segundo alguns critérios de classificação. Existem definições de comunicação e de exercício de poder que explicitam o mesmo fenômeno. Ver Berlo (1970, p. 20): *"Em suma, nós nos comunicamos para influenciar – para afetar com intenção"*. Por sua vez, Miller (1966, p. 92) expressa um aspecto da natureza da comunicação da seguinte maneira:

> Na sua essência, comunicação tem como seu interesse central aquelas situações comportamentais nas quais uma fonte transmite uma mensagem para um (uns) receptor (es) com a intenção consciente de afetar o comportamento deste(s).

As definições relatadas por cientistas da relação de poder, Weber (1947), Parsons (1969), Wrong (1979), Raven (1975), entre outros citados, poderiam ser sintetizadas da seguinte maneira: *"Exercício de poder é a probabilidade de A decidir ou influenciar a decisão de B, em processo de troca, envolvendo recursos escassos"*. Ou, segundo Mintzberg (1992, p. 5): *"É a capacidade (de A) de afetar (causar efeito) no comportamento das organizações (de B)"*. Há, ainda, a perspectiva de Semama (1981, p. 18): *"Nenhuma comunicação é, na sua filogênese, diversa de uma comunicação imperativa"*.

Se dois conceitos são iguais a um terceiro, logo são iguais entre si. Isto é o que se pode concluir, comparando essas definições de comunicação e de exercício de poder. Portanto, a teoria mais adequada talvez seja a de Schacter: *"Comunicação é o mecanismo pelo qual o poder é exercido"* (1951, p. 191). Esta definição integra os dois conceitos e assinala a impossibilidade de isolá-los na prática. Ambos são "os dois lados da mesma moeda". Logo, há a dificuldade de percebê-los ou destacar um do outro, assim como ocorre nas figuras sobrepostas da "velha e da moça", estudadas na psicologia da percepção.

Se a atividade de Relações Públicas se restringir somente ao discurso da organização, envolvendo o ser humano para que ele, inconsciente, pois "a batalha das idéias" sucede em nível das generalidades, ceda seus recursos (direito ao melhor produto, ao perfeito atendimento, ao justo salário, entre outros), estará usurpando estes direitos. Utiliza-se do ser humano, inapropriadamente, e, portanto, comporta-se de modo antiético. Quanto a isto, Burns (1961, p. 278) alerta:

> O compromisso político para uma pessoa ou para um agrupamento é o abandono do exercício de independência de um atributo individual – o direito de voto, a possessão de informações, o poder persuasório, a capacidade de luta ou, ainda, o controle de recursos já consignados para o futuro.

Finalmente, encerrando este subtítulo, talvez seja possível inferir a razão de ser a informação – a redução da incerteza e a matéria-prima da comunicação – um recurso escasso e elemento básico do processo e do programa de Relações Públicas. A informação possibilita ao ser humano perceber o mundo em que está inserto e, com ele, criar nova relação.

Por tudo, esta tese propõe o exercício de poder como a essência e o processo de comunicação como a aparência, na teoria e na prática de Relações Públicas. O exercício de poder caracterizar-se-á como autocrático, persuasivo, democrático ou *laissez-faire,* de acordo com o tipo de processo de comunicação utilizado.

- A PRÓXIMA PREMISSA

Ao final de um capítulo, é praxe expressarem-se conclusões. Esta norma é aqui descumprida, pois toda a tese relatada não significa o encerrar do pensamento, mas, somente, nova premissa para estudo e compreensão da atividade de Relações Públicas. Assim sendo, abre para discussão e falseamento, a maneira Popper de fazer ciência.

A comunidade de Relações Públicas, provavelmente, concorda que a atividade necessita de rede teórica que dê suporte à tecnologia de ação e à utilização de suas técnicas. Portanto, insisto, repetindo algumas das justificativas do porquê apropriar-se do quadro de referência da Micropolítica para as Relações Públicas:

- Relações Públicas (disciplina, teoria, tecnologia, atividade, estratégia e técnicas) se referem ao sistema organização-públicos;
- a organização possui em sua estrutura hierarquia, autoridade, subordinação e processo decisório;
- os públicos fazem trocas com a organização e possuem, neste processo, interesses, na maioria das vezes, divergentes daqueles da organização;
- os públicos, como sujeitos, nada farão, mas, na primeira oportunidade, desejarão ser cidadãos e influenciar os objetivos organizacionais;
- a organização almeja a autonomia como utopia;
- o conflito no sistema é iminente e a crise, uma probabilidade;
- a informação é utilizada para melhor processo decisório de ambas as partes;
- os problemas raramente são resolvidos, exclusivamente, pela comunicação;
- a solução dos impasses ocorre por meio da negociação quando há trocas e compensações por perdas;
- ambos os atores somente sobreviverão se cooperarem um com o outro.

Após orientar a percepção para a Ciência Política, talvez seja oportuno analisar e, se aplicável ao sistema organização-públicos, apropriar-se, também, da Teoria da Interdependência, estruturada por Keohane e Nye, da qual se podem extrair dois princípios: o oposto de *conflito* é *cooperação* e o outro: *"Onde há efeitos recíprocos de custos de transações, há interdependência"* (1989, p. 9).

As transações no sistema organização-públicos implicam efeitos significativos de custos. Por conseguinte, organização e públicos, *suscetíveis* e *vulneráveis* a problemas, somente atingirão seus desideratos se evitarem os conflitos entre si e buscarem a cooperação mútua.

A soma de todos esses conceitos, definições e princípios é argumento suficiente para dizer que o perfil do profissional de Relações

Públicas jamais poderá ser o de um tarefeiro, mas, ao contrário, o de um hábil estrategista político.

O trabalho que se tem pela frente é árduo, principalmente para muitos e novos cientistas, jamais para um pensador isolado. A ciência é trabalho social, isto é, de grupo, a criticar velhas hipóteses e a criar novas teorias. Estes cientistas, em tese, deverão compor dois grupos, diferentes porém complementares. Em primeiro lugar, sem significar valor de importância, aqueles envolvidos com a pesquisa básica não preocupados, em primeira instância, com a aplicação imediata dos conhecimentos gerados. O outro grupo, imergido nas aplicações, produzindo conhecimentos com o intuito de atingir determinados e definitivos fins operacionais. Os primeiros, pelo menos na data atual, são figuras raras na comunidade de Relações Públicas. Os outros, se existentes, são pouco conhecidos, pois quase nada têm relatado aos seus pares.

·6·

Uma base filosófica: a estética da atividade de Relações Públicas

● HÁ TRÊS ESPÉCIES DE ORGANIZAÇÃO

Primeiro, as que têm por base o poder, a riqueza ou a autoridade de grandes líderes.

Segundo, aquelas organizadas por conveniência dos membros, as quais continuarão a existir enquanto os membros satisfizerem suas conveniências e delas não discordarem.

Terceiro, as que se organizam tendo como centro de suas atividades um bom ensinamento e a harmonia como guia de sua vida.

Kyokai (1966, pp. 478-9)

Este capítulo tem como objetivo principal relevar uma perspectiva sobre a atividade de Relações Públicas, por mim desvelada, sem aprofundamento, em obra anterior (Simões, 1995). Faço-o com a finalidade de expô-la à comunidade de Relações Públicas para ser investigada com minúcias e assim consubstanciar filosoficamente esta atividade, pois este estudo ambiciona transcender a área da ciência e alcançar a dimensão da reflexão filosófica. Seu conteúdo é introdutório – uma apresentação de hipótese –, o qual eu abandono a especialistas na área e a todos aqueles com atitude científica, a fim de ajudarem a embasar esta atividade que está sendo lecionada na universidade e com a qual estão comprometidos inúmeros professores e muito mais alunos. Nenhum deles pode e deve satisfazer-se com a superficialidade da técnica mecânica ainda lecionada por alguns e executada por inúmeros outros. Há que se buscar a técnica estética, conforme Quadros (1987, p.73), *"uma perícia do espírito humano pela qual o homem é capaz de inventar sempre o novo"*. É dever ético e estético produzir sempre algo melhor. Pobres dos professores que se satisfazem com a técnica instrumental e infelizes de seus alunos, futuros profissionais, herdeiros míopes destes pseudomestres e muito falsos educadores. Miseráveis daqueles, ditos cientistas, se é que assim podem ser designados, que jamais se preocuparam em perceber outras óticas da ciência particular das Relações Públicas.

Ocorre, pelo menos no Brasil, algo paradoxal na esfera das Relações Públicas. Apesar da fiscalização do exercício profissional, decorrente de lei cartorial, existem, ainda, pessoas identificando-se como "Relações Públicas" e orgulhosas de possuir cartão de visita, ostentando este título e muitas outras com a ambição de um dia virem a ser "Relações Públicas". Não raro alguém cita uma personalidade do mundo desportivo, social, político ou científico como "a maior Relações Públicas do Brasil". Há, também, empresas desconhecedoras dos reais encargos e do nível de formação – universitária – deste profissional, recrutando um "Relações Públicas" para tarefas, propostas explicita ou prescritivamente, na maioria das vezes, margeando as funções desta atividade, segundo os cânones estabelecidos pelos conceitos acadêmicos e pelas normas das entidades que congregam esses profissionais: Conselho, Associação Brasileira de Relações Públicas e Sindicato. Pode-se inferir, por esta razão, sem muito esforço, que tal designativo e a assunção do papel que lhe corresponde, ou é imaginado corresponder, possuem conotações positivas. Poder-se-ia afirmar, sem medo de errar, que há com respeito a este designativo, assim como o que ocorre com o termo relações humanas, um inconsciente coletivo de algo positivo.

Contudo, identificam-se na esfera da comunidade dos profissionais, professores e estudantes de Relações Públicas algumas pessoas com certo embaraço em se identificar como membros desta comunidade. Utilizam-se das denominações de comunicadores, *ombudsman*, *marketing* de relacionamento, *marketing* social, assessor de assuntos públicos e outros, pois, semanticamente, o termo Relações Públicas lhes parece contaminado por algum vírus pejorativo. Ao que tudo indica, injetado por meio de críticas realizadas tanto por outras profissões, em especial por jornalistas, por ter aquela atividade se disfuncionalizado em muitas ocasiões, sobretudo nos regimes dita-

84

toriais, quanto por um tipo de miopia científica de profissionais e professores da área, em face do desconhecimento da real essência da profissão e, por fim, até por má intenção de alguns dos seus detratores. Este problema tem sido tangenciado, mas jamais alguém se preocupou em desvelá-lo. Faço ressalva aos designativos utilizados em substituição à expressão Relações Públicas. Há muitos profissionais em muitas ocasiões que se utilizam de outra denominação em substituição ao termo Relações Públicas, mas o fazem, estrategicamente, em razão de modismo ou da percepção que possui aquele que irá contratá-lo, a fim de não perder o mercado. Em absoluto esses profissionais sentem ou sentiram vergonha de se intitular "Relações Públicas". São apenas inteligentemente oportunistas.

A tese – óbvia – é que Relações Públicas possui inestimável valor para a sociedade, mas esta desconhece a verdadeira missão dessa atividade e, intrinsecamente, seus benefícios. Não se pode adjetivar a sociedade de alienada, pois a própria comunidade de Relações Públicas ainda não foi capaz de aprender e descrever corretamente o papel da sua profissão e ignora a sua relevância. Em conseqüência, a categoria profissional de Relações Públicas não possui sua ideologia e, sem ela, lhe falta elã grupal. Apesar de que, em seus princípios filosóficos e práticos, a profissão busca fazer com que as organizações trilhem o mesmo caminho estético, proposto por um guia espiritual, como Buda, por exemplo.

A comunidade científica e também a sociedade de maneira geral guardaram, por muito tempo, a premissa de que tanto o mundo físico como o mundo social estavam condicionados às leis do cosmo, ou seja, da ordem.Tudo ocorreria sob leis e princípios. Os fatos estariam devidamente regulados. Tudo que saísse dos princípios básicos da harmonia era considerado incorreto. Hoje, porém, olha-se o mundo físico e o social de outra maneira. A aleatoriedade, a irregularidade, a imprevisibilidade – em suma, o caótico – podem esconder atrás de si uma fachada de ordem. *"Nas profundezas do caos está ocul-to um tipo de ordem ainda mais fantástico."* Gleick (1991, p.32)

Certo ou não, acontecem, tanto na sociedade como um todo quanto em comunidades específicas, a confusão, o conflito, a polêmica, a controvérsia. A barbárie é o natural, enquanto a civilidade é o raro. Assim como a doença é o constante e a saúde o escasso. Isto ocorreu e ocorre em todas as civilizações e por esta razão o ser humano foi criando atividades que viessem a contribuir para a salvação da humanidade. Caso contrário seriam consideradas perniciosas e, portanto, marginais. Tais atividades foram, com o tempo, transformadas em profissões. Todas as profissões existentes devem trazer benefícios à sociedade. Assim esta espera e, por isto, as reconhece e as legaliza. Ao mesmo tempo as carreiras dão aos indivíduos condições de sobrevivência por meio do trabalho. Elas – profissões, carreiras, atividades – encerram em si mesmas a expectativa dos princípios da ética, mas somente se legitimam quando seus profissionais decidem e agem para o bem comum. Contudo, nem sempre ocorre assim; muitos profissionais, no desempenho de suas atribuições, em razão do caráter de sua personalidade, cometem deslizes éticos. A profissão, ente abstrato, é ética; o profissional, ser humano, pode ser antiético.

O estatuto da atividade de Relações Públicas prescreve – após o diagnóstico e prognóstico da dinâmica do sistema organização-públicos, inserto numa conjuntura socioeconômica e política em determinada época –, por meio de pareceres ao poder central da organização, decisões sobre as políticas e os programas de ações organizacionais que visem à integração dos interesses com seus públicos. Posteriormente, quando necessário, planeja e executa programas de comunicação junto dos diversos públicos a fim de levá-los a entender o significado das decisões. A atividade de RRPP busca, exatamente, a cosmogonia, a harmonia, a compreensão mútua, na relação entre as organizações e seus públicos, em que cada situação é inusitada, podendo haver alguma semelhança, mas nunca uma igualdade, tendo o profissional de buscar construir a *eficaz* solução para o problema. Ocorre, porém, que jamais foi examinada a sua contribuição, em sua aparência e em sua essência. A contribuição deste artigo é, também, a de refletir sobre a razão do fracasso em não se atingir, na atividade de Relações Públicas, a bela forma que deverá conduzir ao bem e à verdade. Isto seria em razão da falta de *artisticidade* daqueles que dirigem a organização e daqueles – os profissionais de Relações Públicas – que os assessoram nos aspectos da Micropolítica. E artisticidade é um tema da esfera da estética. É a estética em si.

Essa essência é encontrada, inicialmente, na proposta de decisões em busca do bem comum. Isto se refere à esfera da ética. Contudo, há outra dimensão que transcende a ética. Trata-se da esfera da estética. Quando se trata de relação de poder, criando âmbitos – possibilidades úteis e valores – estamos na campo da ética. Porém, quando se criam jogos de possibilidades, caminhos solidários, estamos no espaço da estética. A decisão é da ética. A eficaz decisão, implicando harmonia, é da estética. Tão extensa quanto a ética é a estética, indissociável do comportamento humano.

O termo estética é de origem grega e proveniente do adjetivo *aisthetikós,* na sua forma de nominativo plural neutro *tá aisthetiká.* Seu significado etimológico é o de algo percebido pela sensação. Alexander Baumgarten foi quem o substantivou pela primeira vez, em meados do século XVIII, ao intitular sua tese de: *Aesthetica.* Este evento serviu também de marco referencial de sua constituição como uma disciplina filosófica autônoma.

A estética é, hoje, parte da filosofia, isto é, uma reflexão especulativa sobre a experiência estética, sobre o ato estético, ou seja, "[...] *sobre aquela série aberta de reações experimentadas pelo ser humano no campo da sua sensibilidade mais plena, mais total, mais elevada, diante de qualquer fenômeno natural, espiritual ou artificial"* Quadros (1987, p. 153). A estética trata da sensibilidade do ser humano no seu pensar, agir e *inventar,* tendo, portanto, um caráter especulativo e concreto ao mesmo tempo. Estuda o ser humano no seu fazer com arte, quando tem de colocar sentimento para fazer bem-feito. A escola estética de Pareyson diz que criar é divino.

A teoria e a prática encontram-se na estética. A estética ultrapassa a mera prática. Ocorre quando se tem de encontrar a – *nova* – forma adequada. Se assim se faz, demonstra-se perícia técnica, ou seja, um saber adequado ao momento. Com isto chega-se à bela imagem, ou seja, a um acerto na parte teórica, adequação das ações e um alto grau de interpretação das novas situações, demonstrando que a teoria e a prática foram adequadas. Para que isso ocorra, contudo, o ser humano, além de pensar e agir, tem de inventar. Neste jogo da teoria com a prática tem-se o ato estético na teoria e o fato artístico na prática. O ato é estético. O fato ou a obra, artístico. Há o costume de se pensar que, em razão das obras de artes, existe o estético. É exatamente o contrário. Há a arte porque antes existe o estético. Aqui, novamente, repito Quadros (1987, p. 149):

> Assim é que, na experiência humana, a estética ou o caráter artístico, ou a formatividade está presente de modo genérico. Inerente – em termos de artisticidade genérica. Enquanto que, na arte verdadeira e própria, a estética, ou o estético, ou o artístico, ou o caráter formativo está presente de modo específico. Emergente.

O estético está presente, de maneira geral, na ação organizacional, ou seja, no processo formativo de políticas e programas de ação, pensados, inventados e decididos por aqueles que os administram. Está contido, também, na ação do profissional de Relações Públicas, que é pensada, planejada, inventada na busca do êxito na prevenção e na solução dos conflitos no sistema organização-públicos. Incluso, ainda, está presente, de modo específico, em programas e peças de comunicação que a atividade produz. Mais do que isto, o estético está, no caso das Relações Públicas, na reflexão sobre essas três dimensões da experiência humana, não como algo abstrato, mas para trazer à luz os seus significados, os seus valores e, sobretudo, as suas possiblidades.

Poder-se-ia argumentar com várias concepções antigas e comuns de estética, demonstrando que a atividade em seu fazer as propõe e contém. Assim, teríamos a visão de estética segundo a beleza matemática, conforme Policleto, no século v a.C., para quem a beleza significava harmonia das formas. Encontra-se este princípio em Relações Públicas, quando se diz que esta atividade é formar a boa imagem. Desejando-se, pode-se buscar outro sentido ordinário, também do passado, anterior ao primeiro, no qual a beleza era enfocada, por Homero, Hesíodo e outros, sob o ponto de vista ontológico. A beleza era o cosmo, a ordem. Esta perspectiva encontra-se num dos paradigmas da atividade, ou seja, na proposta da compreensão mútua, da integração. Há, ainda, outro ponto de vista sobre a atividade que também pode ser relacionado diretamente com a estética. Trata-se do pré-paradigma de que Relações Públicas é *90% realização e 10% promoção*. Realização no sentido de fazer o melhor possível e Promoção significando tornar público ou, no *slogan* em francês, *Bien faire et savoir dire*. Esta ótica teria suporte no conceito de beleza moral, quando a beleza é o bem, proposto por Sócrates e Plotino. Para esses dois filósofos, citados por Quadros (1987, p. 23) "[...] *beleza mais bela é a interior e se conquista, o que quer dizer, se constrói, e, de dentro para fora, do espiritual para a exterioridade física*". Ora, não se diz que Relações Públicas é, em primeiro lugar, arrumar a casa e, depois, mostrá-la? É nesta linha que se entenderá o apelo de Plotino, para quem "*se não estivermos satisfeitos com nossa imagem, façamos como o escultor tirando aqui, cortando acolá, polindo, burilando até que surja diante de nossos olhos a nossa verdadeira imagem*". Há outra versão, desta feita segundo Cícero, para quem a beleza era a eficiência, a saúde. Dizia ele: "*Do que vale o bonito se não é eficiente, se não funciona bem?*". Percebe-se que os critérios para designar a beleza variaram muito no decorrer dos tempos. É bem possível que este problema é o que tenha levado a Montaigne, conforme Quadros (1987, p. 27), a se expressar: *"Se houvesse alguma prescrição natural da beleza, a reconheceríamos em comum, como o calor do fogo"*.

Porém, a definição de estética, ainda hoje, não está totalmente concluída. O princípio essencialista do *se e somente se* ainda não foi atingido. No entanto, existe um caminho para se entendê-la no contexto da estética contemporânea, que reconhece e fundamenta um novo modo de "ver", de viver, de sentir, portanto, de ser, da descoberta do estético em toda a operação humana e da produção de entes abertos, dialogáveis, numa perspectiva interpretativa. Trata-se da escola, estruturada por Pareyson, cujo critério de belo é o êxito (*riuscita*) atingido por meio da formatividade.

> [...] um composto de forma e processo: duas realidades distintas, mas hipostaticamente unidas e indissolúveis – isto é, um tal "fazer" que, enquanto faz, inventa o "modo de fazer"; produção que é, ao mesmo tempo e indivisivelmente, invenção.
>
> Quadros (1987, p.127)

Contém esta escola a premissa de que o ser vale enquanto ser. É belo enquanto ser e não é ser porque é belo.

No contexto desta maneira de entender a estética, Pareyson, citado por Quadros (1987, p.127), diz:

> Não existe atividade humana que não tenda a realizar obras, e uma obra, qualquer que seja a atividade que nela se inclua, não pode alcançar seu êxito a não ser fazendo-se forma, definida e coerente, porque nenhuma atividade, seja ela moral, especulativa ou qualquer outra, pode chegar a realizar obras a não ser exercitando aquele processo de invenção e produção no qual consiste o formar.

A obra ou o fato artístico é um ente novo, produzido pela imaginação inventiva do homem, por meio de um processo de gestação fecunda, durante o qual o homem artista, ao mesmo tempo em que faz, inventa o próprio fazer, enquanto este se faz, de tal maneira que o resultado deste trabalho é uma forma nova, viva, independente, autônoma, irrepetível, prenhe de conteúdo humano, aberta, dialogável. Aqui se pode fazer uma crítica à censura, pois ela não é aberta, logo não é estética. Pode-se, também, compreender por que a negociação, instrumento básico de solução de conflitos entre a organização e seus públicos, é tida com fato estético, quando há desempenhos de possibilidade, ou seja, não é dilemática, isto é, sim ou não, mas, ao contrário, apresenta o caráter da alteridade.

Nesta perspectiva de estética, a beleza não é entendida como um princípio transcendental ontológico, tampouco como um objeto ou, ainda, como mera qualidade. A estética é tida como *relação*. Um estado que se estabelece *entre*, que pode ser conquistado e se construir. Esta construção é realizada por meio do sentimento, ou seja, aquele sentimento que o ser humano coloca no ato de realizar ou tentar realizar qualquer ação.

O ser humano, portanto, quer isoladamente ou em organizações, em seu trabalho, está elaborando algo, está formatando algo. Seu trabalho é constituído de uma formatividade. Ele, só ou em grupo, forma algo. Abstraindo o indivíduo, temos a organização. A organização forma algo para e na sociedade. Este formar é realizado de inúmeras maneiras, mas deveria ser realizado de modo a não prejudicar a sociedade; ao contrário, de maneira ideal, que a edificasse e trouxesse o bem-estar e a felicidade para o ser humano, seu semelhante. Assim se exprime Quadros (1987, p.152): *"Um fazer exitoso, o será sempre também uma produção bem pensada (campo noético), ou seja, uma verdadeira invenção, ao mesmo tempo que um fazer bom (campo ético), bem-feito e um fazer belo, "per-feito" (campo estético)"*. Não serão ou estarão os Prêmios Opinião Pública plenos de valorização estética? Não é pedido ao profissional o histórico dos fatos e os resultados de sua intervenção? Não se deseja saber se obteve êxito?

A organização, um dos objetos da dimensão das Relações Públicas como função e atividade, expressa-se por meio da linguagem de suas ações – designado por *ação*. Este modo de expressão não é lógico-discursivo, mas poético-intuitivo, não é convencional, mas original. Não está para o entendimento, mas para a compreensão. Não se vale dos canais convencionais, mas pela motivação do seu pessoal, pela cultura e clima organizacionais, pela qualidade do produto e pela qualidade de vida que, interna e externamente, estabelece. Esta linguagem é expressiva e só pode ser captável pela sensibilidade dos membros dos públicos, ou seja, os seres humanos. E quando a organização e suas ações, que foram pensadas e inventadas, não são compreendidas pela sensibilidade dos públicos ou não buscaram enquadrar-se em critérios subjetivos e idiossincráticos, esperados pelos gostos dos públicos, torna-se necessário utilizar outra linguagem:

aquela que explica, aquela que busca o entendimento – designada por *discurso*. Trata-se desta feita da linguagem lógico-discursiva, a qual utiliza conceitos, visa à comunicação e utiliza-se de mensagens com sinais fortemente convencionais, de maneira que todos os membros de determinada comunidade possam entendê-los e se entender reciprocamente. Quando a informação estética não é compreendida, tem-se de saltar para a dimensão da informação semântica e explicar a decisão, o agir organizacional, para que seja entendido. Ver esse conceito também na teoria da ação comunicativa de Habermas (1979, 1987, 1989). Certamente que, quanto menos explicações foram necessárias, mais adequadas foram as políticas e os programas de ação organizacionais e melhor terá sido a solução encontrada pelo centro de poder.

No entanto, a atividade de Relações Públicas, em absoluto, não se restringe somente ao explicar as ações organizacionais, resultantes que são das infindáveis decisões tomadas por todos os componentes da organização, mas, principalmente, pelos dirigentes principais, seu centro de poder. A formatividade da carreira de Relações Públicas não é a de buscar a bela forma em si mesma – a imagem. Se assim o fosse, seria somente uma arte pela arte. O êxito das Relações Públicas é o atingir utópico – objetivo sempre a buscar – da integração, da harmonia entre as partes, e isto requer que as decisões organizacionais sejam previamente legítimas, ou seja, éticas. O êxito da atividade de Relações Públicas está em seu objetivo: fazer com que *a mulher de César não somente pareça honesta, mas na verdade o seja*. As decisões legítimas implicam um bem e belo pensar dos dirigentes, se necessário assessorados pelo profissional de Relações Públicas, um bem e belo agir dos profissionais de RP e um bem e belo inventar deste agir.

A atividade de Relações Públicas, como coadjuvante do êxito organizacional, buscado pela formatividade dos seus dirigentes, não pode e não deve ser abandonada à ideologia da imagem. A bela imagem, em Relações Públicas, não é formar, perseguindo unicamente a forma por si. Exige, antes, o êxito da legitimidade. Requer antes o ético. A estética transita pela ética. É um fazer com arte e jamais um fazer arte. Tampouco, pode restringir-se a técnicas instrumentais de promoção de produtos ou serviços, como é proposto pela visão reducionista do marketicismo. As Relações Públicas tratam, nas duas extremidades do sistema, com as organizações (pessoas) e com os públicos (pessoas). Assim sendo, a ocupação profissional de Relações Públicas deve *pensar* (diagnosticando e prognosticando os cenários da organização e dos públicos e planejando seus pareceres e projetos de comunicação), *agir* (propondo políticas e programas de ação justos e implementando seus projetos de comunicação) e *inventar* sempre na busca de novas e adequadas soluções aos prováveis e existentes conflitos no sistema organização-públicos, dando um basta à reprodução.

Como parte de todo este processo, o desempenho de Relações Públicas, tanto na ação como no discurso, deve ser tal que haja *l'adoucissement de la barbarie*, isto é, que a selvageria primitiva seja suavizada. Entende-se por selvageria primitiva da organização a busca exclusiva dos seus interesses nos mercados, satisfazendo as paixões de suas lideranças e esquecendo-se de sua finalidade que é social. Neste aspecto, a única técnica de possível utilização é a artística, capaz de fazer do todo uma unidade, de maneira que as partes não se somem como elementos heterogêneos, mas, ao contrário, se assimilem numa homogeneidade que as valoriza como elementos constituintes. Assim, conforme Quadros (1987, p.105), *"é capaz de exaltar a miséria das partes na majestade do todo"*.

Neste sentido, a organização existe para servir a comunidade e não para explorá-la. O "servir" a leva à promoção da unidade, resolve as contradições, harmoniza os comportamentos e confere distinção ao sistema social. A organização passa a destacar-se entre as congêneres, atraindo a atenção pela força de sua própria franqueza, em torno da qual não é necessário fazer sensacionalismo. A idéia proclamada é verdadeira e real, por excelência. Os fenômenos se justificam e validam por si mesmos, não constituindo meros instrumentos para a publicidade, como os pseudo-eventos.

A organização, cujos atos estiverem orientados pela função estética, não poupará esforços para desvendar e afastar os aspectos de manipulação e ocultação da verdade, para chegar ao reto agir e, conseqüentemente, pensar, levando o desespero e a mentira ao descrédito. Não têm lugar, em tal contexto, projetos estranhos ao interesse de integrar o homem e de comprometê-lo num empreendimento significativo. Desenvolve-se, assim, uma sociedade "elegante", em que as tendências comportamentais não tenham sido neutralizadas e sim harmonizadas.

A duração e a produtividade de tal empenho estão diretamente relacionadas ao uso e ao aperfeiçoamento da capacidade humana de inovar. Tanto a organização como o profissional de Relações Públicas precisam aprender a detectar os pontos de desgaste e de ruptura das normas, pois elas são válidas para um momento dado e tendem sempre à substituição. Esse moto-contínuo conduz ao ideal, à perfeição.

Tal prontidão e habilidade repercutem até nas menores coisas, como, por exemplo, na escolha de instrumentos adequados à implementação de um programa. Se não houver sensibilidade e certo nível de angústia, quanto à excelência do que se deseja realizar, corre-se o risco de meramente repetir o que foi feito em outra circunstância, por outra empresa, sem medir o alcance estético das medidas adotadas. Não é aceitável, nem sequer sob o ponto de vista da técnica instrumental e muito menos do ponto de vista da estética, repetir instrumentos porque tiveram êxito numa ocasião ou noutra empresa. Penso que algo do êxito das organizações japonesas tem muito a ver com os princípios da estética contidos na filosofia do *Kaisen,* segundo Lubben (1989).

Buscando a cosmogonia na sua esfera de ação, transformando o caos em ordem, buscando uma sociedade mais elegante, a atividade de Relações Públicas e seu profissional possuem a sua estética. Confirma isso Paviani (1987, p. 29): *"Contudo, só podemos falar em uma estética, em valor estético, à medida que esta atitude for assumida pela consciência coletiva, pelo modo comum de sentir de um grupo".*

Entender a atividade de Relações Públicas apenas como a implementação de técnicas instrumentais para promover a organização e seu produto é miopia estratégica, falta de sensibilidade e distorção do real papel desta profissão. A essência de sua contribuição à sociedade encontra-se intrínseca à Filosofia e aos princípios políticos que propõe ao atuar organizacional em face das expectativas dos seus públicos. Assim a missão desta atividade é de estabelecer boas e belas relações entre a organização e seus públicos por meio da qualidade de vida, dos produtos e dos serviços prestados pela organização. Ao promover e pôr em prática os princípios de espírito público por meio das artes do bem viver (ética) e do belo viver (estética), a profissão de RP leva as organizações e, por conseqüência, a sociedade a um mundo que dê sentido à vida, ao único caminho possível de sobrevivência da humanidade.

Parafraseando Nietzsche, para concluir, quando diz que *"somente como fenômenos estéticos podem justificar-se eternamente a existência e o mundo",* crê-se possível afirmar que: *somente se pode justificar a existência das organizações – e das Relações Públicas – quando estas estiverem impregnadas de estética.*

Considerações finais

Expressei ao início que esta obra continha reflexões sobre as bases científicas do ser e do fazer da atividade de Relações Públicas, argumentando em pró do seu ensino em âmbito universitário e sua prática na esfera da estratégia. Tentei evitar utilizar variáveis que viessem a justificar explicitamente seu valor para a sociedade. Trata-se de mais uma tentativa de descortinar os fundamentos de sua tecnologia e de suas técnicas, tirando-a do empirismo do senso comum e colocando-a no pedestal do conhecimento refletido e crítico. Por detrás da aparência das generalidades gratuitas expressas pelo homem comum, borbulham efervecidos princípios de todas as ciências sociais do conhecimento, ou não, da comunidade dessa área.

Porém, a atividade de Relações Públicas não se sustenta somente em bases científicas. Ela necessita de uma ideologia que justifique o tempo e os esforços despendidos por alguns, não muitos, nas organizações, no ensino e na pesquisa do tema. Ou terá sido em vão expressiva quantidade de homens/horas de preocupação e ação, perguntando-se por que Relações Públicas? Se o foram, pelo menos economizaram-se tempo e alternativas para futuros pesquisadores, dizendo-lhes: – "Vejam, esse caminho a nada leva!". Infelizmente, a documentação, propondo respostas a essa questão, é exígua, quer seja sobre aspectos éticos e estéticos, que a mantenham legítima e do agrado da sociedade, quer seja quanto à ideologia que motive sua comunidade e a sociedade para sua institucionalização.

A atividade de Relações Públicas, antes de tudo, só existe e serve para sociedades democráticas, em que a negociação e a palavra substituem a força coercitiva. Em espaços autoritários não há lugar para ela, apesar de que, por vezes, rotulam de Relações Públicas certos discursos manipuladores que nada têm a ver com ela, mas, se disfarçando com seu significado, confirmam a sua importância.

Do ponto de vista teórico, a teoria de Relações Públicas reconhece o poder dos públicos. Sabe que eles podem desenvolver ou destruir uma organização. Dessa premissa sucedem-se teoria e prática axiomatizadas. Busca a cooperação, evita a conflagração. Aceita os diversos consensos com seus públicos, jamais estabelece um único enfoque. Defende a organização perante a opinião pública, evitando que ela chegue condenada no judiciário, afinal sempre existem agravantes e atenuantes em qualquer ação considerada, *a priori*, errada. Na sua função de assessoria, propõe políticas legítimas. Se incompreendidas, busca explicá-las.

Traz, em seu bojo, o predomínio da palavra, da argumentação, da negociação sobre a força. Jamais em seus princípios e em suas campanhas impõe a força coercitiva de atos predatórios. Não deseja cercear espaços, mas abri-los. Propaga o desenvolvimento, a manutenção da existência das organizações sob a égide da responsabilidade social, ou seja, do cumprimento da qualidade total daquilo que as organizações disseram ao que vieram.

Cumprindo sua missão, evitará prejuízos de toda a sorte para a sociedade. Organizações permanecerão existindo, empregados terão seu ganha-pão, a economia será movimentada, o dinheiro circulará. Além disso, a atividade de Relações Públicas existe, e desde sempre existiu, para a humanização das organizações, ainda que seja realizada com o objetivo viés de formar imagem. Mesmo assim indica que aceita a concorrência e despreza o monopólio.

Sua proposta ética e estética contém o diálogo interno e externo. Aceita a idéia da interdependência e não do domínio. Interdependência implica considerar o outro parceiro, necessitar dele e buscar sua cooperação. Respeita os princípios da "ecologia societária", evitando o desaparecimento de organizações e suas culturas, formadas pelo livre-arbítrio, e, por conseguinte, a deterioração da civilização. A filosofia da atividade de Relações Públicas critica o predatório e opõe-se a ele. Essa ação não se encontra em seus manuais.

A proposta de uma organização multinacional para o patrocínio de algum aspecto cultural de uma comunidade, mesmo com o desejo do retorno econômico, significa a permanência da existência dessa comunidade e certamente da sociedade maior.

Se alguns profissionais e organizações burlam o código de ética da atividade, não significa que à atividade em si corresponda isso. Ela, em sua essência, é ética. Os pecados, a corrupção da ação ética estão nos profissionais e isso ocorre com qualquer atividade, por mais que esteja institucionalizada. Poder-se-ia dizer que, se a vida não é melhor com ética, certamente seria pior sem ela.

Em face disso, propõe princípios integradores de produção e distribuição de riquezas e poder, valoriza o ser humano, luta por ele, jamais o condena em nome do social, pois acredita que o homem em sociedade é a base, para com outro, formar o universo das interações. O homem é a base do coletivo e não pode ser aniquilado com a justificativa de que o coletivo predomina, colocando no poder uma burocracia única e impermeável.

Antes das comunidades de profissionais e professores de Relações Públicas sentirem orgulho da atividade que exercem, terão ambas de passar pela etapa de explicitar a si próprias e depois a sociedade em geral os seus fundamentos científicos e morais. O demais virá com o tempo, promovido nos laboratórios de pesquisa, nas aulas na universidade e na ação refletida dos profissionais nas organizações. Obviamente com tudo isso realizado, documentado e divulgado à sociedade.

Por final, esta obra tem a pretensão de contribuir com mais um embrião para sedimentar as bases da atividade e iniciar a conscientização dos aspectos ideológicos que venham a motivar aqueles que com ela tratam. Relações Públicas existem por e para uma sociedade mais justa. É preciso dizer isso!

Referências bibliográficas

BACHARACH, S. e LAWLER, E. *Power and politics in organizations: the social psychology of conflict, coalitions, and bargaining.* San Francisco: Jossey-Bass, 1980.

BALL, Stephen. *The micropolitics of the school: toward a theory of school organization.* London: Metheun, 1987.

BALL, Stephen e BOWE, Richard. Micropolitics of Radical Change: Budgets, Management, and Control in British Schools. In: BLASE, J. (Ed.). *The politics of life in schools.* London: Sage, pp. 19-45, 1991.

BARRY, Norman. *An introduction to modern political theory.* London: MacMillan, 1981.

BERLO, David. *Teoria da comunicação.* Rio de Janeiro: Fundo de Cultura, 1970.

BLASE, Joseph. *The political of life in schools.* London: Sage, 1991.

BLASE, Joseph. The Micropolitical Perspective. In BLASE, J. (Ed.). *The political of life in schools – power, conflict and cooperation.* London: Sage, pp. 1-18, 1991.

BLOOME, David e WILLETT, Jerri. Toward a Micropolitics of Classroom Interaction. In: BLASE, J. (Ed.). *The political of life in schools.* London: Sage, pp. 207-36, 1991.

BLUMER, Herbert. *Symbolic interactionism: perspective and method.* Englewood Cliffs: Prentice-Hall, 1969.

BLUMER, Herbert. Sociological Implications of the thought of George Herbert Mead. In: COLIN, B. *et al.* (Eds.). *School and society.* London: Open University, 1971.

BOBBIO, Norberto, MATTEUCI, Nicola e PASQUINO, Gianfranco. *Dicionário de política.* Brasília: Universidade de Brasília, 1986.

BOORSTIN, Daniel. *The image – a guide to pseudo-events in America.* New York: Vintage Books, 1992.

BRIDGMANN, P. W. *The logic of modern physics.* New York: McMillan, 1927.

BUNGE, Mario. *Teoria e realidade.* São Paulo: Perspectiva, 1974.

BURBULES, Nicholas. A Theory of Power in Educacion. *Education theory*, Spring, v. 36, n. 2, pp. 95-114, 1986.

BURLINGAME, M. Review of the micropolitics of the school: toward a theory of school organization. *Journal of Curriculum Studies*, v. 20, pp. 281-3, 1988.

BURNS, Tom. Micropolitics: Mechanisms of Institutional Change. *Administration Science Quartely*, v. 6, pp. 267-81, 1961.

CANFIELD, Bertrand. *Relações Públicas. Princípios, casos e problemas*. São Paulo: Pioneira, 1961.

CARTWRIGHT, Dorwin. *Studies in social power*. Ann Arbor: The University of Michigan, 1959.

COBERTT, Dickson. Community Influence and School Micropolitics: A Case Example. In: BLASE, J. (Ed.). *The politics of life in schools*. London: Sage, pp. 73-95, 1991.

CORSETTI, Eduardo. Poder e Poder Político. In: PETERSEN, Aurea *et al. Ciência Política: textos introdutórios*. Porto Alegre: Mundo Jovem, pp. 27-37, 1988.

CRICK, Bernard e CRICK, Tom. *What is politics?* London: Edward Arnold, 1987.

CYERT, Richard e MARCH, James. *A behavioral theory of the firm*. Englewood Cliffs, N.J.: Prentice-Hall, 1963.

DANCE, Frank. The concept of communication. *Journal of Communication*, v. 20, pp. 201-10, 1970.

DEMING, Edwards. *The new economics for industry, government, education*. Cambridge, MA: M.I.T., 1994.

DEMO, Pedro. *Metodologia científica em ciências sociais*. São Paulo: Atlas, 1985.

ETZIONI, Amitai. *Organizações modernas*. São Paulo: Pioneira, 1978.

EVERHART, Robert. Unraveling micropolitical mystiques: some methodological opportunities. *Education and Urban Society*, v. 23, n. 4, pp. 455-64, 1991.

FERREIRA, Waldir. Comunicação Dirigida: Instrumento de Relações Públicas. In: Kunsch, M. (Org.). *Obtendo resultados com Relações Públicas*. São Paulo: Pioneira, 1997.

FESTINGER, Leon. *A theory of cognitive dissonance*. Stanford: Stanford University Press, 1957.

FOUCAULT, Michel. *Microfísica do poder*. Rio de Janeiro: Graal, 1971.

_____. *Power and knowledge*. New York: Pantheon, 1980.

_____. *Vigiar e punir*. Petrópolis: Vozes, 1987.

_____. *As palavras e as coisas*. São Paulo: Martins Fontes, 1987a.

FRENCH, John e RAVEN, Bertrand. The Bases of Social Power. In: CARTWRIGHT, D. (Ed.). *Studies in social power*. Ann Arbor: The University of Michigan, pp. 150-67, 1965.

GALBRAITH, John. *Anatomia do poder*. São Paulo: Pioneira, 1984.

GEORGIOU, Petro. Goal Paradigm and Notes Towards a Counter Paradigm. *Administrative Science Quartely*, v. 18, pp. 291-310, 1973.

GLEICK, James. *Caos – a criação de uma nova ciência*. Rio de Janeiro: Campus, 1991.

GREENFIELD, Jr. William. The Micropolitics of Leadership in an Urban Elementary School. In: BLASE, J. (Ed.). *The political of life in schools*. London: Sage, pp. 161-84, 1991.

GREENSTEIN, Fred e POLSBY, Nelson. *Micropolitical theory*. Reading, Mass: Addison-Wesley, 1975.

GRUNNIG, James e HUNT, Todd. *Managing public relations*. New York: Holt, Rinehart & Winston, 1984.

HABERMAS, Jürgen. *Communication and the Evolution of society*. Boston: Beacon Press, 1979.

_____. *Teoria de la acción comunicativa*. Barcelona: Taurus, 1987.

_____. *Teoria de la acción comunicativa: complementos y estudios previos*. Madrid: Catedra, 1989.

HARVEY, E. e MILLS, R. Patterns of Organizations Adaptation: A Political Perspective. In: MAYER, Z. (Ed.). *Power in organizations*. Nashville, Tenn.: Vanderbilt University Press, pp. 181-213, 1970.

HOYLE, E. Micropolitics of Educational Organization. *Educational Management and Administration*, v. 10, pp. 87-98, 1982.

_____. E. Educational Organizations: Micropolitics. In: HUSEN, T. e POSTLETH-WAITE, T. (Eds.). *The international encyclopedia of education. Research and studies*, v. 36, n. 2, pp. 95-114, 1985.

IANNACCONE, Lawrence. *Education policy systems: a study guide for educational administrators*. Fort Lauderdale, FL: Nova University, 1975.

_____. Micropolitis of Education – What and Why. *Education and Urban Society*, v. 23, n. 4, agosto, pp. 465-71, 1991.

KATZ, Daniel e KAHN, Robert. *Psicologia social das organizações*. São Paulo: Atlas, 1979.

KAUFMAN, H. Organization Theory and Political Theory. *The American Political Science Review*, v. 58, n. 1, pp. 5-14, 1964.

KEOHANE, Robert e NYE, Joseph. *Power and interdependence*. USA: HarperCollins, 1989.

KESSEL, John. *Micropolitics, individual and group level concepts*. New York: Holt, Rinehart and Winston, 1970.

KIOKAY, Bukkio Dendo. *A doutrina de Buda*. Tokio: Kosaido, 1966.

KRECH, David, CRUCHFIELD, Richard e BALLACHEY, Egerton. *O indivíduo na sociedade*. São Paulo: Pioneira, 1969.

LAKOFF, Robin. *Talking power – the politics of language in our lives*. Nova York, Basic Book, 1990.

LAWRENCE, Paul e LORSCH, Jay. *Organization and environment*. Boston: Harvard Press, 1967.

LAZEGA, Emmanuel. *The micropolitics of knowledge: communication and indirect control in works group*. New York: A. de Gruyter, 1992.

LEONI, Bruno. The Meaning of 'Political' in Political Decisions. *Political Studies*, v. 5, pp. 239-45, 1957.

LUBBEN, Richard. *Just-in-Time – uma estratégia avançada de produção*. São Paulo: McGraw Hill, 1989.

LUHMANN, Niklas. *Legitimação pelo procedimento*. Brasília: Universidade de Brasília, 1980.

LUKES, Steven. *El poder – un enfoque radical*. México: Siglo Veintiuno, 1985.

LUKES, Steven. (Ed.). *Power.* Oxford: Basil Blackweel, 1986.

MARCH, James. The business firm as a political coalition. *Journal of Politics.* v. 24, pp. 662-78, 1962.

MARCH, James e SIMON, Herbert, A. *Teoria das organizações.* Rio de Janeiro: FGV, 1972.

MARROW, Alfred J. *The practical theorist – the life and work of Kurt Lewin.* New York: Basic Books, 1969.

MARSHALL, Catherine. The Chasm Between Administrator and Teacher Cultures: A Micropolitical Puzzle. In: BLASE, J. *The politics of life in schools.* London: Sage, pp. 139-60, 1991.

MARSHALL, Catherine e SCRIBNER, J. 'It's All Political': Inquiry into the Micropolitics of Education. *Education and Urban Society,* v. 23, n. 4, pp. 347-55, 1991.

MATURANA, Humberto e VARELA, Francisco. *El árbol del conocimiento.* Santiago: Universitária, 1984.

MERRIAM, Charles E. *Political power.* Glencoe, Ill: Free Press, 1950.

MILLER, Gerald. On defining communication: another stab. *Journal of Communication.* v. 16, pp. 88-98, 1966.

MINTZBERG, Henry. *El poder en la organización.* Barcelona: Ariel, 1992.

PAREYSON, Luigi. *Teoria dell'arte.* Milano: Marzorati, 1965.

_____. *I problemi dell'estetica.* Milano: Marzorati, 1966.

_____. *Teoria della formatività.* Firenze: Sansoni, 1974.

PARSONS, Talcott. *Structure and process in modern society.* New York: The Free Press, 1969.

PATCHEN, Martin. The Locus and Basis of Influence on Organizational Decisions, *Organizational Behavior and Human Performance,* v. 11, pp. 195-221, 1974.

PAVIANI, Jaime. *A arte na era da indústria cultural.* Caxias do Sul: PyR, 1987.

PETERSEN, Aurea. *Ciência política: textos introdutórios.* Porto Alegre: Mundo Jovem, 1988.

PETTIGREW, Andrew. *The politics of organizational decision making.* London: Tavistock, 1973.

PFEFFER, Jeffrey. The Micropolitics of Organizations. In: MEYER M. *et al.* (Eds.). *Environments and organizations.* San Francisco: Jossey-Bass, 1973.

_____. *Power in organizations.* Marshfield, MA: Pitman, 1981.

PFEFFER, Jeffrey e SALANCIK, Gerald. Organizational Decision Making as a Political Process: The Case of a University Budget. *Administrative Science Quartely,* v. 19, n. 2, pp. 135-51, 1974.

PIRIE, Madsen. *Micropolitics – the creation of successful policy.* Andershot, Hants: Wildwood House, 1988.

POPPER, Karl. *Teoria cuántica y el cisma en física.* Madrid: Tecnos, 1992.

PRIESS, Frank. *Contribuiciones 2/97* – Konrad Adenauer – Stiftung. Ano XIV, n. 2 (54), abr/jun de 1997.

QUADROS, Odone José de. *Estética da vida, da arte, da natureza.* Porto Alegre: Acadêmica, 1987.

RAVEN, Bertram. Social Influence and Power. In: STEINER, D. e FISHBEIN, M. (Eds.). *Current studies in social psychology.* New York: Holt, Rinehart, Winston, pp. 339-443, 1975.

RAVEN, Bertram. Interpersonal Influence and Social Power. In: RAVEN, B. e RUBIN, J. (Eds.). *Social psychology*. New York: John Wiley, 1983.

SCHACTER, S. Deviation, rejection, and communication. *Journal of Abnormal and Social Psychology*, v. 16, pp. 190-207, 1951.

SEMANA, Paolo. *Linguagem e poder*. Brasília: Universidade de Brasília, 1981.

SILVERMAN, David. *The theory of organizations*. London: Heinemann, 1970.

SIMÕES, Roberto. *Relações Públicas: função política*. São Paulo: Summus, 1995.

SIMÕES, Roberto. Public Relations as a Political Function: A Latin American View. In: *Public Relations Review*, v. 18, n. 2, pp. 189-200, 1992.

SORAUF, Francis J. *Iniciação ao estudo da ciência política*. Rio de Janeiro: Zahar, 1967.

SPICER, Christopher. *Organizational public relations – a political perspective*. Mahwash, N.J: Lawrence Erbaum, 1997.

SUSSKIND, Lawrence e FIELD, Patrick. *Em crise com a opinião pública*. São Paulo: Futura, 1997.

THERBORN, G. *The ideology of power and the power of ideology*. London: Verso, 1988.

TRINDADE, Helgio. As ciências políticas nas Relações Públicas. *Anais do 1º Ciclo de Integração de Relações Públicas*. Porto Alegre: PUCRS, 1974.

VARELA, J. *Psychological solutions to social problems*. New York: Academic Press, 1986.

WAMSLEY, G. e MAYER, Zald. *The political economy of public organizations*. Lexington, Mass.: Heath Co, 1973.

WEBER, Max. *The theory of social and economic organization*. New York: Free Press, 1947.

_____. *Economy and society: an outline of interpretive sociology*. Berkeley: University of California Press, 1978.

WILLOWER, Donald. Micropolitics and Sociology of School Organizations. *Education and Urban Society*. v. 23, n. 4, agosto, pp. 442-54, 1991.

WRONG, Dennis. *Power – Its Forms, Bases and Uses*. Oxford: Basil Blackwell, 1979.

ZALEZNIK, Abraham. Power and Politics in Organizational Life, *Harvard Business Review*, v. 48, n. 3, pp. 47-60, 1970.

ROBERTO JOSÉ PORTO SIMÕES

Professor titular da Pontifícia Universidade Católica do Rio Grande do Sul, desde 1963.

No curso de pós-graduação, pertence à linha de pesquisa *Comunicação e Poder nas Organizações*, orientando mestrandos e doutorandos e lecionando as disciplinas *Relações Públicas e seus Fundamentos em Micropolítica, Teoria da Informação* e *Teoria das Organizações*.

Na graduação, leciona a disciplina *Teoria das Relações Públicas* e orienta monografias na área de Relações Públicas.

Foi coordenador dos cursos de Relações Públicas da PUCRS (Porto Alegre, 1970-1975) e da FEEVALE (Novo Hamburgo, 1983-1987).

Consultor de Relações Públicas, especializado em empresas familiares, desde 1969, tendo, até 1996, prestado serviço a 46 organizações públicas e privadas, em agências de Relações Públicas e de Publicidade, e em jornais.

Sua formação acadêmica é bastante eclética: Academia Militar das Agulhas Negras (1956), Psicologia (1962). Especialização em Orientação Educacional (1964), Mestrado em Psicologia Organizacional (1974) e Doutorado em Educação (1993). Autor das obras:

- *Introdução a Relações Públicas*, em co-autoria com Eugênia Wendhausen, Porto Alegre: PUCRS, 1971.
- *Relações Públicas: função política*, em 3ª edição, São Paulo: Summus, 1995. Essa obra está publicada, também, em espanhol, Barcelona: Ateneo, 1994.
- SHARPE, Melvin L. & SIMÕES, Roberto P. Public Relations Performance in South and Central America. In: CULBERTSON, Hugh & CHEN, Ni (ed.). *International Public Relations – A comparative analisis*. Mahwah, NJ: Laurence Erlbaum, 1996, pp. 273-98.

Ganhou os prêmios: a) *Opinião Pública/1983* por seu trabalho como consultor para o Grupo Editorial Sinos na implantação da utilização sistemática do jornal em sala de aula, no ensino do primeiro grau, na região do Vale do Rio dos Sinos, RS; b) IDÉIAS *em Relações Públicas – Profissional do ano/1993* em face das suas pesquisas e criação de um referencial teórico confiável para as Relações Públicas; *Professor Nota 10*, patrocinado pela Associação Riograndense de Imprensa, dado a todos os professores que, em suas teses de doutorado, foram aprovados com nota 10, com distinção, 1993.

NOVAS BUSCAS EM COMUNICAÇÃO
VOLUMES PUBLICADOS

1. *Comunicação: teoria e política* — José Marques de Melo.
2. *Releasemania — uma contribuição para o estudo do press-release no Brasil* — Gerson Moreira Lima.
3. *A informação no rádio — os grupos de poder e a determinação dos conteúdos* — Gisela Swetlana Ortriwano.
4. *Política e imaginário nos meios de comunicação para massas no Brasil* — Ciro Marcondes Filho (organizador).
5. *Marketing político e governamental — um roteiro para campanhas políticas e estratégias de comunicação* — Francisco Gaudêncio Torquato do Rego.
6. *Muito além do Jardim Botânico — um estudo sobre a audiência do Jornal Nacional da Globo entre trabalhadores* — Carlos Eduardo Lins da Silva.
7. *Diagramação — o planejamento visual gráfico na comunicação impressa* — Rafael Souza Silva.
8. *Mídia: o segundo Deus* — Tony Schwartz.
9. *Relações públicas no modo de produção capitalista* — Cicilia Krohling Peruzzo.
10. *Comunicação de massa sem massa* — Sérgio Caparelli.
11. *Comunicação empresarial/comunicação institucional — Conceitos, estratégias, planejamento e técnicas* — Francisco Gaudêncio Torquato do Rego.
12. *O processo de relações públicas* — Hebe Wey.
13. *Subsídios para uma Teoria da Comunicação de Massa* — Luiz Beltrão e Newton de Oliveira Quirino.
14. *Técnica de reportagem — notas sobre a narrativa jornalística* — Muniz Sodré e Maria Helena Ferrari.
15. *O papel do jornal — uma releitura* — Alberto Dines.
16. *Novas tecnologias de comunicação — impactos políticos, culturais e socioeconômicos* — Anamaria Fadul (organizadora).

17. *Planejamento de relações públicas na comunicação integrada* — Margarida Maria Krohling Kunsch.
18. *Propaganda para quem paga a conta — do outro lado do muro, o anunciante* — Plinio Cabral.
19. *Do jornalismo político à indústria cultural* — Gisela Taschner Goldenstein.
20. *Projeto gráfico — teoria e prática da diagramação* — Antonio Celso Collaro.
21. *A retórica das multinacionais — a legitimação das organizações pela palavra* — Tereza Lúcia Halliday.
22. *Jornalismo empresarial* — Francisco Gaudêncio Torquato do Rego.
23. *O jornalismo na nova república* — Cremilda Medina (organizadora).
24. *Notícia: um produto à venda — jornalismo na sociedade urbana e industrial* — Cremilda Medina.
25. *Estratégias eleitorais — marketing político* — Carlos Augusto Manhanelli.
26. *Imprensa e liberdade — os princípios constitucionais e a nova legislação* — Freitas Nobre.
27. *Atos retóricos — mensagens estratégicas de políticos e igrejas* — Tereza Lúcia Halliday (organizadora).
28. *As telenovelas da Globo — produção e exportação* — José Marques de Melo.
29. *Atrás das câmeras — relações entre cultura, Estado e televisão* — Laurindo Lalo Leal Filho.
30. *Uma nova ordem audiovisual — novas tecnologias de comunicação* — Cândido José Mendes de Almeida.
31. *Estrutura da informação radiofônica* — Emilio Prado.
32. *Jornal-laboratório — do exercício escolar ao compromisso com o público leitor* — Dirceu Fernandes Lopes.
33. *A imagem nas mãos — o vídeo popular no Brasil* — Luiz Fernando Santoro.
34. *Espanha: sociedade e comunicação de massa* — José Marques de Melo.
35. *Propaganda institucional — usos e funções da propaganda em relações públicas* — J. B. Pinho.
36. *On camera — o curso de produção de filme e vídeo da BBC* — Harris Watts.
37. *Mais do que palavras — uma introdução à teoria da comunicação* — Richard Dimbleby e Graeme Burton.
38. *A aventura da reportagem* — Gilberto Dimenstein e Ricardo Kotscho.
39. *O adiantado da hora — a influência americana sobre o jornalismo brasileiro* — Carlos Eduardo Lins da Silva.
40. *Consumidor versus propaganda* — Gino Giacomini Filho.
41. *Complexo de Clark Kent — são super-homens os jornalistas?* — Geraldinho Vieira.
42. *Propaganda subliminar multimídia* — Flávio Calazans.
43. *O mundo dos jornalistas* — Isabel Siqueira Travancas.

44. *Pragmática do jornalismo — buscas práticas para uma teoria da ação jornalística* — Manuel Carlos Chaparro.
45. *A bola no ar — o rádio esportivo em São Paulo* — Edileuza Soares.
46. *Relações públicas: função política* — Roberto Porto Simões.
47. *Espreme que sai sangue — um estudo do sensacionalismo na imprensa* — Danilo Angrimani.
48. *O século dourado — a comunicação eletrônica nos EUA* — S. Squirra.
49. *Comunicação dirigida escrita na empresa — teoria e prática* — Cleuza G. Gimenes Cesca.
50. *Informação eletrônica e novas tecnologias* — María-José Recoder, Ernest Abadal, Lluís Codina e Etevaldo Siqueira.
51. *É pagar para ver — a TV por assinatura em foco* — Luiz Guilherme Duarte.
52. *O estilo magazine — o texto em revista* — Sergio Vilas Boas.
53. *O poder das marcas* — J. B. Pinho.
54. *Jornalismo, ética e liberdade* — Francisco José Karam.
55. *A melhor TV do mundo — o modelo britânico de televisão* — Laurindo Lalo Leal Filho.
56. *Relações públicas e modernidade — novos paradigmas em comunicação organizacional* — Margarida Maria Krohling Kunsch.
57. *Radiojornalismo* — Paul Chantler e Sim Harris.
58. *Jornalismo diante das câmeras* — Ivor Yorke.
59. *A rede — como nossas vidas serão transformadas pelos novos meios de comunicação* — Juan Luis Cebrián.
60. *Transmarketing — estratégias avançadas de relações públicas no campo do marketing* — Waldir Gutierrez Fortes.
61. *Publicidade e vendas na Internet — técnicas e estratégias* — J. B. Pinho.
62. *Produção de rádio — um guia abrangente da produção radiofônica* — Robert McLeish.
63. *Manual do telespectador insatisfeito* — Wagner Bezerra.
64. *Relações públicas e micropolítica* — Roberto Porto Simões.
65. *Desafios contemporâneos em comunicação — perspectivas de relações públicas* — Ricardo Ferreira Freitas, Luciane Lucas (organizadores).
66. *Vivendo com a telenovela — mediações, recepção, teleficcionalidade* — Maria Immacolata Vassallo de Lopes, Silvia Helena Simões Borelli e Vera da Rocha Resende.
67. *Biografias e biógrafos — jornalismo sobre personagens* — Sergio Vilas Boas.
68. *Relações públicas na internet — Técnicas e estratégias para informar e influenciar públicos de interesse* — J. B. Pinho.
69. *Perfis — e como escrevê-los* — Sergio Vilas Boas.
70. *O jornalismo na era da publicidade* — Leandro Marshall.
71. *Jornalismo na internet* – J. B. Pinho.

www.gruposummus.com.br

IMPRESSO NA
sumago gráfica editorial ltda
rua itauna, 789 vila maria
02111-031 são paulo sp
tel e fax 11 **2955 5636**
sumago@sumago.com.br